部下ができてるつもりに気づく！

「答えを教えない」インバスケット教育法

鳥原隆志
株式会社インバスケット研究所 代表取締役

WAVE出版

はじめに「教えない教え方」

この本は、インバスケットを教育の方法として取り入れてみようと思われている方向けの本です。

したがって、インバスケット思考を身につけたいと思われている方向けではありません。

ましてやインバスケット試験の対策をしようと思っている方向けではありませんので、そういう方はぜひ、既刊の関連書籍をご覧ください。

この本を一言で表すと、教え方の台本です。

初めてインバスケット手法を取り入れようと考えられている方向けに、「部下に報告連絡相談を教える」という設定で、

・**報告連絡相談にまつわるインバスケット問題**
・**その進め方のストーリー**
・**解説**

の構成で書かれています。

ですので、どなたでも簡単にインバスケット教育を実施できるのが特徴です。

遅くなりました。自己紹介をさせてください。

こんにちは。インバスケット研究所の鳥原隆志です。

インバスケットコンサルタントとして今まで2万名以上の方のトレーニングを担当し、インバスケット関連書籍も50冊以上書いてきました。

そんな私ですがインバスケットとの出会いは「挫折」でした。

前職のダイエー時代に昇格試験でインバスケットに出会いました。

そしてこの試験で私は大きな衝撃を受けました。

「できない自分」を発見してしまったのです。

私が試験で受けたインバスケットテストはマネジメント力、もっと具体的に言うと〝判断力〟〝優先順位設定力〟〝問題解決力〟〝部下指導力〟などを評価するものだったのですが、自分ではそれらに自信を持っていただけに、できていないことを知るのは挫折と言ってよいでしょう。

マネジメントに関わる仕事に向いていないと落胆した私は、インバスケットを当初は憎んでいたほどでした。

しかし、できていないという事実を受け入れたことで、何とか克服したいと考えトレーニングを始めました。当時は問題や教材が販売されていなかったので様々な書籍や情報を集めて、自分で問題を作り自分で解いて、それを上司に見てもらうというやり方でした。

そのうちにこのインバスケットトレーニングの効果が出始めます。

例えば仕事の進め方です。

当時の私は「全てを完璧に」というモットーで朝から夜遅くまで仕事をしていました。

しかし、インバスケットは「やらなくてもいいこと」を教えてくれました。

部下指導や問題解決も、今までの一面的な自分のやり方以外にいくつかの選択肢を持って対応する術を教えてくれました。

このように、たった60分のインバスケットは、4年間学んだ大学よりも私に影響を与えたわけです。

ここまではインバスケットは自分だけのトレーニングツールだったのですが、次の試練が訪れます。それは、上司から当時の部下に、インバスケットを使って仕事を教えろと言われたことです。

正直乗り気ではなかったですね。

それには二つ理由があります。

まず自分が教えることができるのか？　という不安と、もう一つは普段から言うことを聞かないやんちゃな部下が教える対象に含まれていたことです。

何を教えても我流な彼は、きっと私の言うことを聞かないだろうと確信していたのですが、インバスケットがまたも私に衝撃を与えてくれました。

今まで反省したことのない彼が落ち込み、どうすればできるようになるのかと聞いてきたからです。

この不思議なツールの力は私をさらに引きずり込み、今はインバスケット研究所の代表として日本だけではなく、世界各国に「インバスケット思考」を広める活動を行っています。

しかし、インバスケットというツールに出会ってから、すべてが順風満帆だったわけではありません。

研修で炎上したり、受講者を傷つけてしまったりしたこともあります。

アンケートで酷評を書かれたり、講演で罵声を浴びたりしたこともあります。

失敗を繰り返してようやく安定してインバスケットを使った教育の方法を確立してきました。

そして今、インバスケットは普及し、

「インバスケット教育をしたい」

「小学生向けのインバスケット教育はどうすればいいのか」

「アウトプット型の体験教育をしたい」

などのご相談をいただいています。

中には独学で実践して成功されている方もいれば、残念ながら失敗されている方もいらっしゃいます。

また、「それはインバスケットじゃないだろ」と突っ込みを入れたくなるようなやり方をされている方もいらっしゃいます。

それはその方が悪いのではなく、私自身の怠慢だと捉えています。

なぜならインバスケットを広げるだけ広げて、教え方の基準を皆さんにお知らせしていなかったからです。

そこで、今までにない「教え方の本」を書くことにしたのです。


本書をお読みいただきたい方は以下の通りです。

- **体験型学習を取り入れたい方**
- **すでに何かを教えている方でさらにその効果を高めたい方**
- **部下や社員を成長させたい方**
- **インバスケット教育に興味のある方**

本書は、主人公が若手社員に「報告連絡相談」を、インバスケットを使って教えるというストーリー仕立てで書かれています。

本来インバスケットは判断力や問題解決力を鍛えることが多いのですが、幅が広いうえにかなりのトレーニングが必要になります。そこで、あえて仕事の永遠のテーマと言われる「報告連絡相談」をテーマにして本書を活用していただければ、誰でもインバスケット教育で指導できるように書き下ろしました。

本書がこれからの新しい教育の一つの指標となることを願っております。

鳥原隆志

「インバスケット」は株式会社インバスケット研究所の登録商標です。

CONTENTS

第3章 インバスケット教育の基本

第4章
インバスケット120%活用術

装幀　華本達哉（aozora）
校正　内田翔

第 1 章

考える力を
育てる教え方

1-1 インバスケットとは？

すでにご存じの方もいらっしゃるかもしれませんが、まずインバスケットについてお話ししましょう。

インバスケットは一言で言うと「模擬体験のツール」です。

直訳すると、「未処理箱」です。まだ決裁されていない案件や、書類が入れられた箱を指します。

現代風に例えると多くの未処理メールが受信箱に入っており、それを限られた時間の中で処理をするというゲームだと思ってください。

1950年代にアメリカ空軍の士官学校やパイロット養成学校で、学生が、身につけた知識が本当に戦場で活用できるかを試したことが始まりと言われています。

ここで注目したいのは、「知っていること」と「活用できること」は別物であり、実際に活用できるかを測定するためにインバスケットが生まれたということです。

インプットではなくアウトプットを重視した教育ツールがここに誕生したわけです。

しかし、日本では1970年代から80年代に、教育ツールではなく、管理職や幹部登用のための試験として企業に導入され始めました。

ですので、特にこの時期にインバスケットを体験された方には、教育ツールとしてのインバスケットへの誤解や偏見が残っているのです。

「ああ、あの2時間くらい事務処理をするテストね。役に立たないね」

このような感想を私もある企業の経営者から聞かされたことがあります。

確かに突然多くの書類を渡されて処理するテストを受けさせられたら、このような感想が出ても仕方がないと私は思います。

しかし、それはインバスケットのほんの一部の側面を捉えているに過ぎません。

私自身、テストとしてインバスケットに出会い、できなかった悔しさからインバスケットを研究し追究しました。

その結果、このツールをテストではなく、教育に活用する有効性を見つけました。

厳密に言うと、人の成長を促進する気づきを与えるツールとして非常に有効なのです。

今では民間企業や各種団体、大学などで従来の管理職だけではなく、幅広い層の方のための教育ツールとして広がっています。

インバスケットが注目されている理由は、今までの教育手法と異なるところだと思います。

具体的には、

- **実践的である**
- **記憶型教育ツールではなく、活用型教育ツールである**
- **潜在的な能力を評価、育成できる**

などの魅力を持っているからです。

一方で誤解や偏見があるのも事実です。

先ほどのようにただのテストである、というお声もそうですが、インバスケットは一部の訓練された専門家しか扱えないのではないかという声です。

でも、インバスケットの扱い方は至って簡単です。

要所を押さえればあなたにとって、今まで教えることができなかったことを教えることができる魔法のツールになるはずです。

「わかっているけどできない」

を解決するツールとしてインバスケットをあなたの教える手法の一つに加えてください。

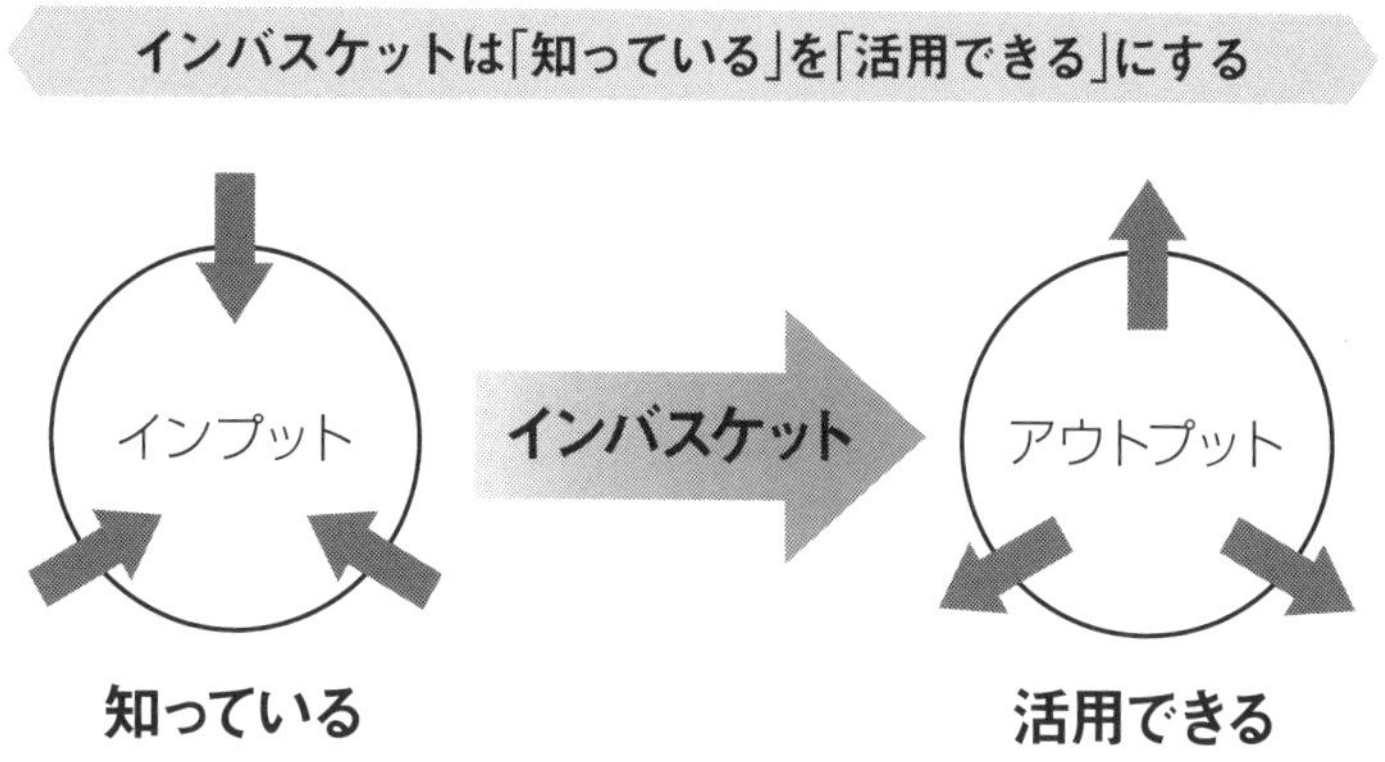

1-2 答えを教えない教育

インバスケット教育を一言で表現すると、「答えを教えない教え方」です。

教育に携わってきた方にこの表現をすると非常に複雑な表情をされます。

なぜなら、多くの方が「答えを教えるのが教育」だと思っていたからです。

何を隠そう私もインバスケット教育を始めたころはそう信じていました。

ですから最初のインバスケット研修は「模範解答」なるものを作り、その解答を解説していました。

「このようなケースのときはこのように判断せよ」といった教え方です。

今思うと、教える立場からすると「答え」という持っていくゴールが明確な分、安心です。生徒も「答え」を知ることで何か得たようなすっきり感が出ます。

もちろんこの教え方を否定するものではありません。

知識を持たせるのが目的なら有効です。しかし、私が教える相手は管理職やリーダーです。

この方たちにその教え方をしても「納得」はしても「理解」はしないのです。

なぜなら、置かれている状況や問題の複雑さ、そして異なる外部環境などそれぞれ同じケースは全くなく、いわば答えは存在しないからです。

例えば、退職の意思を表した部下に対してどのように接するのが絶対的な正解なのか。

部下のパーソナリティや事の経緯、部署や会社全体の置かれた状況などによって対応はいくらでもあります。

それなのに「まずは慰留して、理由を聞き出し……が正解である」と教えても納得しないわけです。

このようにして私の初期のインバスケット研修は大炎上したのです。

「いやそれはおかしい」

「先生の言っていることは先生一人の意見でしょう」

私は汗だくになり、質疑応答を繰り返しました。

絶対的な正解はなにか？
様々な書籍などで勉強をしましたが、明確な答えは出ません。
そしてたどり着いたのは「正解は存在しない」ということです。
では何を教えればいいのか？
それは答えを導き出す方法や思考法です。
これはどんな状況でも使えるからです。

私たちの仕事や人生には答えがないものが案外多いものです。
それなのに私たちは「答え」を教え続けられてきたような気がします。
今まさに必要なのは「答えを導き出す方法」を教えることです。
言い換えれば「答えを教えない」教え方なのです。

コラム　答えを教えない売り場案内

以前私はスーパーの食品売り場のマネージャーをしていました。
そこに、毎日来店されるおばあちゃんがいらっしゃいました。

私を見つけては「胡椒はどこかな」だとか「トマトジュースはどこかな」と聞いて来られます。

私は走ってその商品を取りに行き、おばあちゃんに渡していました。

しかし、人事異動で別のお店に移ることになりました。

私は困りました。おばあちゃんに商品を持っていく人がいなくなるからです。

最後の出勤の日までに、私はおばあちゃんに商品を持っていってあげるのではなく、商品の探し方を教えました。

まず天井に吊るしている表示板の見方、売り場案内一覧の場所、良く買う商品は通路番号をメモすることなどを伝えました。

商品を探して持っていってあげると喜ばれますし、直ぐに済みます。

しかし、それは商品を探す力を奪っているのではないかと考え、それ以来、お客様には探し方をお教えするようにしました。

答えを教えるのではなく、答えを導き出す方法を教えることにつながっているような気がします。

1-3 教えないと生まれる力

答えを教えない研修の始まりは、前述した研修の炎上です。

「答えを導き出す方法をどう教えるのか」

そもそも答えがないのに答えを教えようとした私は、どうすれば研修が成立するのかを考えました。

そこで思いついたのが、何が正解かを受講者同士に話し合ってもらおうというアイデアでした。これなら、私が一方的に責められることはないですし、ひょっとしたら私一人の頭では考えつかない素晴らしい正解が現れるのではないかと考えたのです。

この考え方は、現在日本で実施されているインバスケット研修のほとんどに活かされています。

1日のインバスケット研修の半分は、こうしたワークショップの時間です。

しかし、課題がなかったわけではありません。特に私自身が不満を持っていました。

教える職業に携わっている方は、社会性の強い方が多いと思います。生徒や受講者の方が向上できるように力を尽くしたい、そう私も考えています。

「答えを教えない講習」を始めたころは、罪悪感さえ抱いていました。なぜなら、答えを欲しがる受講者の方に答えをあえて教えなかったからです。

講師は悶々とし、受講者はもやもやしながら終わる研修を続けていました。

そんなある日の研修後に、管理職の20年選手が私のもとにやってきました。

「自分のやり方が唯一の正解と思っていましたが、ほかの方の考えを聞いて別のやり方もあると思いました」

この言葉に、教えない教え方は効果があるのだと確信を得ました。

別の研修で、ある女性マネージャーは「部下や取引先から来たメールすべてに返事をしなければならないと思っていたが、そうしているのはグループの中で私だけだった」と感想を漏らしていました。

そして二人からはその後、自分なりにやり方を工夫して変えているというメールをいただきました。

教えないと「考える力」が生まれ、「変える力」が身につくのです。

答えを教えないインバスケット教育法は瞬く間に「気づきの多い研修」として広がり、現在では年間2万名以上の方が受講され、経営者から新入社員、大学生や小学生にまで広がりを見せ始めています。

それは「教えない研修」がもたらした3つの魅力があるからです。

1．講師ではなく受講者同士で学びあう

2．8割以上の受講者が「思った以上にできなかった」と感じる

3．自分自身で「具体的な行動変革」を考える

つまり講師側がどれだけ熱弁を振るうよりも、生徒自身が自主的に学ぶほうが、数倍学習効果があるということです。

コラム　百貨店の売り場で学ぶ

今思い起こせば、私が以前受講したマーケティングの授業でもこの「教えない研修」が取り入れられていました。

この授業はマーケティングの座学ではなく、実際に百貨店の現場で学ぶものでした。複数の百貨店の違いを探し、どのようなターゲットに対してどのようなコンセプトをもって展開しているのかをまとめるものです。

研修開始後、すぐに教室を出て、大半の時間を現場で過ごし、メンバー同士で考えて議論を交わし、アウトプットの案を出しました。

講師は正解を言いません。ただマーケティングの手法をそこに当てはめて教えてくれるのです。

この研修は、私が当時担当していた売り場作りに直結したので今でも内容を覚えていて、実践しています。

今まで多くの研修を受けてきましたが、ほとんど覚えていません。でもこの研修は唯一残っています。

1-4 大人の教え方

今まで私の経験をもとにお話ししてきたので何やら胡散臭さを感じた方もいるかもしれません。少し角度を変えてインバスケット学習の効果を見ていきましょう。

インバスケットを活用した教育は、さまざまな分野に活用されています。特に大人の教育には非常に向いていると評価を得ています。実際に当社の公開セミナーは97％の良いセミナーだという評価をいただいています。

それはなぜか？

実は成人してから教えるにはいくつかポイントがあるのです。

それは上の図にある通り、4つの要素です。

まず**参加したい教育**であること。

強制で参加させられるよりも、興味をもって学習する仕掛けが成人には必要です。

ではどのような学びだと参加するのか？

一日中座って学ぶ学習よりも、参加型やゲーム感覚の方が興味がわきますよね。インバスケットはシミュレーションゲームですので、これが当てはまります。

次に**アウトプット**をすること。

これはスポーツや釣りなどをイメージしていただくといいでしょう。学んだことを実際にやってみることで、達成感もありますし、逆にできないと悔しくなります。成人はわかっているつもりでいる傾向が強く、その反面、案外できていないことがわかると学習をします。

インバスケットはアウトプット型のツールですので、これも当てはまります。

そして**実践的**であること。

現場で使わない、または使うシーンが想定できない知識は身につきません。遠い世界の話では、自分もしくは自分の職場などとのリンクができないわけです。

宇宙船で事故が起きたケースや、無人島に漂流したケースなどを使った学習は、面白さはありますが、実際に受講者がそのようなケースに遭遇することはなく、実践的ではありません。

インバスケットは、置かれている環境は違うものの、案件自体は多くの受講者が遭遇するであろうケースを使います。ですので実践的な学習です。

最後に**必要性**です。

成人は自分に必要な知識しか身につけません。

例えば職場で人間関係の悩みを抱えているとしましょう。そこにその悩みの解決につながるヒントを教えてくれる研修があれば、受講者は必要性を感じるので学びます。

逆に、天文学や工学の知識は、自分に必要ではないと判断するので学ばないのです。

これら4つの要素があるので、成熟した大人に対しても「最強の気づきのツール」として広がっているのです。

しかし、使い方を間違えるとこのツールは「謎あてクイズ」や「誹謗中傷大会」になってしまいます。

大事なのは、正しい使い方で受講者の学びにつなげることなのです。

そもそも「答えを教えない」教え方を経験した方も少ないと思います。

それがゆえに、実際に当社のインバスケットトレーナー養成講座では、全ての方が資格を取られるわけではありません。途中で辞退される方や、どうしてもできない方が実際にいらっしゃいます。

それほど「答えを教えない教え方」は、教える立場の側も思考を変える必要があるのです。

しかし、心配しないでください。インバスケットを活用して教育する方法はいくつかのポイントを押さえれば誰にでもできます。

本書では、いきなり本格的にインバスケット教育の方法をお伝えするのではなく、まずは簡単な勉強会の行い方から始め、徐々に本格的な研修の方法へと、段階的にお伝えしていきます。

そうして「答えを教えない教え方」を解説できればと考えています。

ぜひ皆さんができる部分から活用していってください。

では、これから始まるストーリーの主人公になったつもりで「インバスケット教育法」の世界にお入りください。

第2章

インバスケットを使った報連相の教え方

プロローグ

ここは東京中心部にある東京中央駅。

主要幹線が４本交わるこのターミナル駅は終日多くの人が行きかっている。

青山みあは、その東京中央駅のメイン出入口とも言える中央改札右側から対面にある「ケーキのたま東京中央店」を観察している。

人の合間から見えるショーケースには色とりどりのケーキが並んでいる。

「うん、陳列はいいわね」

一般的にケーキの陳列什器は冷蔵平ケースと対面ショーケースに分けられる。

東京中央店は、通り客をケーキの鮮やかさで引き寄せられるように、対面ショーケースを採用している。

この店はレベルが高いとみあは感じた。

まず商品の顔を見せる工夫が随所にされている。カットされた断面が見えるようにやや斜めに並べられている。これに引き付けられるように客が寄ってくる。

そして大人が好みそうな高級フルーツ系は上段に、子供の好みそうなキャラクター系は下段にと陳列の原則が守られている。

何よりショートケーキやプリンなどの分類を守りながら、遠くからも「ケーキの専門店」とわかる色とりどりの陳列工夫がされているからだ。

みあは売り場の横を抜け、店員に会釈しながら事務所に入る。

「いやあ、申し訳ないですなあ。人事部長に応援をいただくとは」

この店の店長である金田が白い衛生帽を取り、頭を下げた。

「いいですよ。私たち本社のスタッフもこの時期は店舗応援に行くことになっていますから。それに私は人事部では嫌われていますからね」

「何を、わたしゃ歓迎ですよ」

金田はそう言って握手をしようと立った瞬間腰を押さえ、中腰で止まった。

「あいたたた」

「金田店長、無理をしないでください。腰痛はこの仕事をしていると誰にでもあるものです」

「いやあ、面目ない。数日たてば治ると医者に言われていますので」

金田は脂汗を額に浮かべながら無理に笑顔を作った。

「大丈夫です。私も売り場が好きですから」

青山みあは、特殊なキャリアを持っている。大学在学中にケーキのたまにアルバイトとして入社し、そのままスカウトされて社員になった。

そして入社4年目で大型店である東京中央店の店長に抜擢され、社長の大蔵がかかげた女性登用と若手登用の改革の旗印となった。

東京中央店の立て直しに成功し、次は新規事業の和菓子事業部立ち上げに成功。

そして関連会社のケーキのたまファクトリーの社長に就任し、ここでも立て直しに成功したのだ。

社内でみあは「ミラクル」と呼ばれたり、あまりに成功が続くので「魔女」とも呼ばれたりしている。

そして今の肩書は「取締役人事部長」。

採用や配属、教育などの社員がらみの業務の最高責任者として社長の大蔵を支えている。

その大蔵から昨日呼び出され、こう言われた。

「青山君、知っての通り、現在わが社はケーキのたまからスイーツのたまになるべく改革を進めている。その過程でリストラや変革を繰り返し、業績もようやく安定してきたが、一方で課題も出てきている」

「はい」

大蔵の眼が鋭く光る。

「先日、京相模店で発生した食中毒事件をはじめ、福岡天神店では賞味期限切れの和菓子を大量に販売するという事件も起きている。これを調査した結果、コンサルタントから特に指摘を受けたのは、社内のコミュニケーションが不足しているということだ」

みあは目を閉じて大蔵の話を聞いていた。

この2件の事件で二人の店長が降格になり、みあ自身も人事部長として処分を言い渡した時を思い出していた。

外部の講師を呼んでコミュニケーションについての講演を行ったり、課題図書を設定したりなど、それなりの対策を打ってきたが、付け焼刃だと感じていた。

「君のことだからすでに考えがあるだろうが、この課題に対して抜本的な対策を考えてほしい」

「かしこまりました」

そう答えたものの、何度も行われた人事部内の会議では従来の施策を上塗りしたような議論ばかり行われていた。

一向に出口の見えないトンネルを進んでいるようで、手詰まり感があった。

そこで店舗応援をかねて現場を見て考えようと思ったのだ。

しかし、売り場に立つと考えるより勝手に体が動く。

久しぶりに着る白いエプロンには、ケーキのたまの「王冠マーク」の刺繍が胸付近にあしらわれている。

「いらっしゃいませ。お決まりのお客様はどうぞ」

高く透き通るみあの声に、初老の男性と孫らしき女の子が前に進んできた。

「かわいいお嬢さんですね」

みあがショーケースごしに声をかけると、初老の男性はまんざらでもないような顔をした。

「さあ、お姉さんに欲しいケーキを言ってごらん」

初老の男性がうながすと、女の子は恥ずかしそうにショーケースの中にあるケーキを指さす。

みあはそのケーキを手際よくトングでやさしく挟み、紙の箱に詰めていく。

「このフルーツショート4つでいいですか?」

みあはショーケースから出て、女の子の前にしゃがんで箱の中身を見せた。

「うん」

女の子は嬉しそうに言って、すぐに初老の男性の後ろに隠れ、男性の腰あたりからひょこっと顔を出してみあを見ている。

「ふふっ、ありがとうございました」

二人の楽しそうな後ろ姿を見て、みあは頭を下げて見送った。

カウンターの定位置にみあが戻ると、次は30歳前後だろうか、髪の毛を後ろで結んだ女性がケーキの箱を持って進んできた。

「すいません……」

みあは〝クレーム？〟と感じた。

「いらっしゃいませ。お伺いします」

「あの……1時間前にこのケーキを買ったのですが」

言いにくそうな表情でケーキを差し出す。

「ありがとうございます、何か不都合がございましたか」

「家に帰って開けると、お願いしたケーキと違うものが入っていて」

みあはとっさにまたショーケースから出ると、女性の前で頭を下げた。

「申し訳ございません。すぐに確認いたします。レシートはお持ちでしょうか」

女性はレシートをみあに渡し、みあは正しい商品を用意して渡した。

「大変申し訳ございません。再度担当を教育し、今後このようなことがないようにいたします」

女性は不機嫌そうな顔をしながらも、みあの真摯な謝り方に納得して店を出た。

みあは店頭まで出て、女性の姿が見えなくなるまで頭を下げ続けた。

すぐに事務所に向かう。レシートには販売した担当者名が入っている。

「神無《かんな》さん、ちょっといい？」

神無ゆりは入社2年目の社員で、みあより頭一つくらい背が高い。

高校時代はバレーボールのエースだったようだ。

みあはレシートを見せて渡し間違いの件を確認した。

「はい、これ私です。そうか……やっぱり……間違っていたか」

おかっぱの黒い髪をかき上げて額に手を当てた。

「やっぱりってどういうこと？」

「さっき、別のお客さんから同じクレームがあったんですよ。で、思い返すとその時同時に二人のお客さんをさばいていたからテレコになったかと」

みあの表情が変わった。

「え、わかっていたの？　それ店長に言った？」

神無はみあの表情の変化を読み取ったのか、声のトーンを落とし、うなだれた。

「いえ、今さら言っても遅いかと、それにそのお客様は来ないかもしれないと」

　みあの形相がさらに厳しくなる。

「あなたねえ。悪い報告ほど早く正確にって教えられていないの？　わざわざお客様が来店なさったのよ」

「知っていますよ、報告くらい」

　神無はふてくされたように、みあから視線をそらして言った。

　騒ぎを聞きつけたのか、奥から腰をさすりながら金田が近寄ってきた。

「なんじゃ。神無またやったのか」

　みあは耳を疑うかのように聞き直した。

「また……って？」

　金田は神無をこってりと絞り、売り場に返した。


　みあは金田と話し合う。

「いやあ、実は神無には困っておりましてね」

　金田が頭をなでながら言う。

「あいつはチームワークがなっとらんのですよ、仕事はチームだといつも言っているのですがね」

「確か彼女は入社2年目ですよね」

「ええ、新入社員の頃から預かっていますが、仕事の癖ってなかなか変わらないものですな。〝報連相〟は仕事の基本って毎日のように言っているのですがね」

「なるほど」


それから数時間後、みあが帰り支度をしていると神無が売り場から戻ってきた。

「お疲れ様」

みあの声掛けにバツが悪そうに小さな声で「お疲れ様です」と言った。かなり堪えているのだろう。

みあがコートを羽織ると、神無がじっとみあを見ている。

「どうしたの」

みあが声をかけると、待っていたかのように返してきた。

「私ってそんなにできない子ですかね?」

言葉の重さに気づいたみあは、神無を座らせて話を聞いた。

自分はきちんと教えられた通りに報告連絡相談をしている。何が悪いのかわからない、と神無は自分が正しいことを主張した。

〝そっか、この子は報連相ができていると思っているんだ〟

こんな場合はどう指導するべきか……その迷いは自宅に帰って寝る直前まで頭を離れなかった。

翌日、みあはまた東京中央店に向かう。

今日は神無に〝べたつき〟で報連相を教えるつもりだった。

しかし、事務所に入るとすでにことは起きていた。

「どうしてお前は報連相ができないんじゃ」

金田の怒鳴り声が轟いていた。

すぐに、それをさらに上回る勢いの神無の声が聞こえてきた。

「私はきちんと店長の机の上に置いておきました。それを見ていない店長が悪いんじゃないですか」

「なにをっ。ならば机の上に置いたと一言どうして言えない？　それが報告連絡相談だろう」

売り場にまで聞こえていたのかスタッフが事務所を覗く。

みあが割って入る。

「金田さん、神無さん、お二人の声が売り場にまで聞こえていますよ」

二人はみあの呆れた顔にハッと我に返ったようだ。

「いやあ、面目ない」

金田がみあに頭を下げる。

「何があったのですか」

金田はきっと神無をにらんで言った。

「実はこの駅ビルの事務所から夜間停電の連絡を書類でもらっておったのですが、神無が受け取って机の上に放置しよりまして」

すかさず神無が返す。

「放置じゃありません。わかりやすいところに置いておきました」

「馬鹿もん、それを放置と言うんじゃ」

「でも、以前店長は『忙しいからメモで書いておけ』と言ったじゃないですか」

「それは、本社からの電話にかけ直す場合じゃ。応用が利かんのか?」

神無は興奮しながら言う。

「もうわかりません。口頭で伝えようとしたら『つまらんこと』、書類で渡せば『なぜ言わん』。いったいどうしたらいいんですか」

金田は「どうしようもない」とばかりに腕組みをし、首を振った。

みあはそのとき気づいた。

〝これだ、これが全社的に起きているんだわ〟

先月起きた京相模店の食中毒事件も、夜間停電の連絡が業者から入っていたが、スタッフがそれを店長にうまく伝えることができておらず、停電によって温まってしまったケーキが原因で起きたのだ。

目の前で起きていることを解決すれば、全社の改善施策にもつながる。みあはそう考えた。

〝早く何とかしなくては〟

その思いはみあを本社へと急がせた。

集められた人事部のスタッフは、みあの到着を待たずに会議を進めていた。まとめられた施策がスタッフから報告される。

- **店長をコミュニケーションリーダーに任命する**
- **コミュニケーションアプリを導入し管理を強化する**
- **報告連絡相談ポスターの店内掲示**

到着したみあは、首を振った。これだけではほとんど効果がないと感じた。

「こんなんじゃない。人の教育よ、問題は」

みあは東京中央店で起きていることを会議のメンバーに共有した。

すると部屋の奥から「はは」という笑い声がした。

全員の視線がみあの対角線上にどしっと座った教育訓練課長の西野沢に向けられた。

西野沢は50を超えたとは思えないほどボリュームのある黒髪をオールバックに固め、さらに黒縁の太い眼鏡をかけている。硬い表情には薄ら笑いが浮かんでいる。

その西野沢がまた「はは」と聞こえないくらいの笑い声を出した。

みあはきっとにらむ。

「何か面白いことがありますか？　西野沢さん」

西野沢のみあを小馬鹿にした態度は、今に始まったことではない。

「大ありですね。滑稽ですな」

「滑稽？」

「ええ、青山部長はまだお若いのでご理解いただけないかもしれませんが、わが社の社員に対する教育のレベルは業界屈指です。だからこそ、ケーキのたまではなく〝教育のたま〟と言われています。ライバル社から当社のトレーナーをヘッドハンティングに来ることも珍しくないほどです」

西野沢の両隣に座っている教育訓練課のトレーナーも自信に満ちた表情を浮かべる。

西野沢は続ける。

「部長のおっしゃっている東京中央店の神無ゆりですが、わが課のデータベースを確認すると、昨年の新入社員21名中2位の成績です。コミュニケーション課程も組織論課程も接客技術も、全て受講済みでAランク。非常に優秀な人材です。だから東京中央店に配属しましたが、上司にどうも課題があるようですな」

「上司って金田店長のこと？」

西野沢は少し考える素振りをする。

「あ、これは失礼。確か金田店長は青山部長の元部下でしたな。まあ、この場だから申し上げておくと、あの年代の店長どもはろくな教育を受けていません。受けたのは古い精神教育だとか現場教育です。だから全く論理や知識がないのです。そこで高齢社員の再教育プログラムを先日ご提案したわけです」

みあは金田のことを悪く言われて我を忘れた。

金田は確かに昔気質の頑固なところがある。そして不器用で「気合、経験、根性」の３Ｋが揃っている店長だが、部下を想う気持ち、そして仕事への情熱がある。

みあ自身も東京中央店店長時代に副店長である金田を扱いづらいと感じたことがあったが、それはみあの誤解だった。金田は誰よりもケーキのたまの社員であることに誇りを持っている。

「じゃあ、西野沢さんにお聞きします。どうしてそのAランクの社員が〝報告連絡相談〟ができていないの？」

西野沢はさらに嫌な笑いをうかべた。

「はは……それは店の問題でしょう。上司の資質も。まあ、確実に言えるのは、私たちはしっかりと教えている、ということです」

ヒートアップするみあに吉村敏文《としふみ》が声をかける。吉村は教育訓練課の課長代理で、若手のホープだ。

「どうでしょう。ここで少し休憩を取ってみては」

みあはその声を聞くと、息を大きく吸って言った。

「そうね」

2-1 30年の伝統教育の限界

15分の休憩をはさむことを告げたみあは、自分の部屋に一度戻った。

「部長、よろしいでしょうか」

先ほど声をかけてきた吉村だ。その後ろには立花碧《あおい》もいる。立花は過去に東京中央店でみあと一緒に働いたことがある部下で、今は教育訓練課のトレーナーをしている。

「部長、実はご相談があります。今度お時間をいただけますか」

二人の目の中に、何か真剣な光を感じた。


会議は再開した。

先手を取って西野沢が発言した。

「さて青山部長、先ほどの件ですが、これが我々の提案です」

西野沢は、30ページはあるであろう計画書をみあの目の前にポンと置いた。

「従来行っている基礎教育の『報告連絡相談』の部分を強化したプログラムになっています」

〝用意しているんなら先に出したらいいのにね〟

西野沢はみあの厳しいまなざしを受けると、少しトーンを落として続けた。

「教育部としては従来より厳しい基準でテストを実施し、不合格者には再度講習を受けさせる強化策を考えています」

みあは、それは違うと思いながらも、対抗するアイデアが見当たらないことからそれを許可した。

「わかりました。それで進めてください」

ケーキのたまの教育部は14名で構成されている。うち講師が6名おり、厳しさには定評がある。実際に採用されたスタッフの2割ほどがこの教育期間中に退職すると言われているほどだ。

社員からは「たま地獄センター」と呼ばれる研修施設がある。周囲は東京にあるとは思えない自然に恵まれており、施設は竹林で囲まれている。

その場所で、西野沢提案の「報連相特訓コース」が始まった。

第1陣の生徒は、教育訓練課が選抜した入社3年目までの若手12名だ。その中には東京中央店の神無も入っている。

「報連相とは報告連絡相談の略称です。目的は情報の共有化により組織運営を円滑に行いトラブルやその防止を……」

12名はスクール形式に座り、テキストにかじりついている。

「報告連絡相談をする際に大事なのは状況把握である。ではなぜ大事なのか？　はい、そこの東京中央店」

厳しい目つきでトレーナーは神無を指さした。

神無は動じず、すっと立ち上がった。

「はい、状況把握はコミュニケーションを図るうえで欠かせないからです。組織の中では『自分が何をするべきか』を常に考えなければなりません。そのためには周りがどのような動きをしてどのような状況なのかを知っておかなければならないからです」

そう言い終わると着席した。

「よし、いいだろう。今答えてくれた通り、状況把握力は……」

みあは驚いた。

報告連絡相談だけではなく、コミュニケーション論や組織論までほぼ完璧に頭に入っていた。

その研修を1日見たみあは、現場で改善があればと淡い期待をもって、その3日後、足早に東京中央店に向かった。

しかし現場は変わっていなかった。

神無が金田に叱られる構図は、数日前のデジャブを見ているようだった。

金田はみあが入ってくるのを見た瞬間に叱るのをやめ、神無を売り場に戻した。

「どうしました？」

「いやあ、面目ない。またあいつがやらかしましてね」

「よければ教えてもらえませんか」

「……こんなこと部長にお話しすることじゃないかもしれませんが、先ほど、売り場でトラブルがありましてね。スタッフの言葉遣いで私がお客様からお叱りをいただいている最中に神無が呼びに来まして……」

「何かトラブルだったのですか」

「いいえ、それが来月の勤務シフトで人が足らない日があるとか……クレームの最中にそんなくだらんことで呼びよって、それでさらにお客様はお怒りになったのですわ」

金田から事情を聴いたみあは金田に許可を取り、神無と面談をした。

「どうしてあれだけ状況把握についてしっかりと答えられたあなたが、クレーム対応中の店長に声をかけたの」

みあは率直に質問した。神無は当然のことのように答えた。

「だって、人がいない日があったらお店が開けないじゃないですか?」

「でもそれほど急ぐことかしら」

「はい、店長からは今日中と言われていましたし、相談は困ったときにすぐにすることだと教えられました」

「そりゃそうだけど……それは後でも……」

「いえ、店長の責務は店の運営ですから、店が開けないことはクレーム処理より重たいことです」

言い切った神無に、みあは言葉をなくして視線を落とした。


みあは人事部に戻って考えた。

ある結論が出そうになっていた時に、それを裏付けるデータも報告された。研修に派遣された受講者がそれぞれ配属されている店舗の店長からのアンケートだ。

「研修はよかったと部下は言っていたが、現場で変化が見られなかった」と答えた店長が８割を超えたのだ。

みあの予想は的中した。

〝知っている〟と〝できる〟は違う。

この結論が頭に浮かんだときに、そういえば昔誰かにこのセリフを言われたな、と思い返していた。

そうだ、新入社員研修だ。あの地獄センターで教えられた……。

あの鬼教官だ。確か名前は……。

宮崎！

みあは人事部のデータベースから宮崎を検索した。

宮崎はすでにケーキのたまを退社していた。そして群馬県の前橋で自身の洋菓子店を営んでいた。右に田園、左にリンゴ畑が広がる道を進むと赤茶色の民家がある。

その1階に、車が2台ほど止めることができるお店があり、両開きのガラス戸の奥にショーケースが1台入っている。

明らかにケーキのたまの流れを汲んだ、15種類ほどのケーキとシュークリームがきれいに並べられている。店舗に入る。

「こんにちは。わたし青山みあと言います。宮崎先生はいらっしゃいますか」

調理場から見えたその顔は、当時の厳しさを残す職人の顔、宮崎であった。

「宮崎先生、お久しぶりです」

「おおびっくりした。青山みあじゃないか。活躍は聞いているよ」

「先生もお変わりなさそうで」

「先生はやめてくれよ。今はただの町のケーキ屋のおやじだよ」

宮崎は青山みあを招き入れた。

「飛ぶ鳥を落とす勢いで出世したらしいな。教えた俺も鼻が高いな」

「出世だなんて……宮崎さんもお元気そうで」

「ああ、でもな、この店も今年いっぱいでたたもうと思ってな」

「どうしてですか」

「うん、妻が昨年亡くなってね。一人でやるのはね」

宮崎の笑顔に影が差した。

「そうでしたか」

「ああ。まあ、そんな辛気臭い話は置いておいて、どうしたんだ」

「実は問題を抱えていまして……今教育を見ています」

「ほう……君が教育をね。たまの教育も随分と昔から変わったんだろうな」

みあはケーキのたまで起きていること、社長が考えていること、みあが感じていることを宮崎に話した。

「なるほど……今やっている教育は間違っていないだろうが、大事なことが抜けているのかもな」

「大事なことですか」

「ああ、確かに私が教育をしていた頃は知識やマニュアルを叩き込むことをしていた。しかしもう一つやっていたことがある」

「それを教えてください」

「まあ、焦るな……まずこちらから質問だ。君たちは『答え』を教えていないか？」

解説

アメリカ空軍で研究された「インプット」と「アウトプット」の違い

インバスケットがアメリカ空軍で生まれたということはお話ししました。

その背景をお話ししたいと思います。

当時アメリカ空軍で深刻な問題が発生していました。

それは士官学校やパイロット養成学校で優秀な成績を収めた学生が、戦場に配属されると戦死する確率が高いという問題です。

なぜ、学校で優秀な成績を収めた学生が現場に行って活躍できないのか？

その研究が行われて、出てきた結論は、

〃知っていることとできることは違う〃

ということでした。

つまり、知識をインプットすれば必ず現場でアウトプットできると思われがちですが、そうではない、ということです。

そのような背景があり、インバスケットは身につけた知識やスキルが実際に活用できるかどうかを試すツールとして開発されました。

アメリカ空軍で生まれたこのツールは、ビジネス界にも導入されていきました。

それは同じように学校で良い成績を収めた学生が、職場で高いパフォーマンスを発揮するのかというとそうとは限らなかったからです。

ビジネスでも、インプットできたがアウトプットできないという問題は起きていたのです。

そこでインバスケットは、「知っている」ではなく「できる」を測定するツールとして企業や団体の注目を浴びています。

教育する側も今までの座学や記憶型の教育から、現場でできるかどうかを問う観点の教育へとゴール設定を変えてきている結果でしょう。

インバスケットは中でも問題を解決したり、判断を下したりするなど、今まで教えにくかった思考のプロセスなどを強化するために活用されています。

ポイントは、答えを覚えさせることではなく、答えを導き出すプロセスに焦点を当てることです。

例えば「仕事の計画を立てる」ということを教えたいとしましょう。

すると「このようなときはこのような計画を立てろ」という答えを教える方法ではなく、計画の立て方を模擬体験させて、自分の計画の立て方のどこに問題があるのかを教えるのがインバスケット的な教え方なのです。

2-2 答えを教えてはいけない

みあは宮崎に答えた。

「ええ、先生のおっしゃる通りです。それが間違いということでしょうか」

宮崎はうなずきながら答える。

「教え方にはいろんな方法がある。例えば君が入社したときに商品名が覚えられなくて泣いたことがあったね」

みあは思い出して頬を赤くした。

ケーキのたまの全商品１４７種類の商品名と価格を暗記するのだ。これがみあはできず、泣きながら覚えた。

「あれは〝答えを教える〟だ。商品名、価格には絶対的な正解があるだろう」

「はい」

「ただし、考えなければならない仕事の場合は、答えを教えない方が教育になる。例えば、これも君に教えたことだが、ケーキの名入れで文字数が決まっているとしよう、その文字数を超える名入れを言われたときどうする？」

「ケースバイケースですね」

「しかし、それを『断るべきだ』と教えたら？」

「冷たい対応で事務的で、私は反対です」

「じゃあどうする」

「お客様の立場になって考えるべきです。例えば名前ではなく愛称で文字を短縮したり、似顔絵を描いたり、いくつかの方法を提案できます」

「それが正解かな？」

「いえ、状況によって異なりますから正解とは言い切れません」

「ああ、このように絶対的な正解は存在しないことが仕事や人生では山ほどある。こんな場合には答えを教えても意味がない」

「じゃあ、そういう場合はどう教えればいいのですか」

「答えを導き出す方法を教えるんだよ」

解説 答えを導き出す方法を教える

前章で、答えを教えない教え方がインバスケットであると申し上げました。

では何を教えるのか?

それは答えを導き出す方法です。

これは私たちが受けてきた伝統的な座学教育とは全く異なります。講師が「正解」や「持論」を述べるのではなく、ましてや教科書やテキストを覚えるものでもありません。

答えを導き出す過程に焦点を当てて、受講者自身が答えを導き出せるようになることがインバスケット学習のゴールです。


私たちは答えを導き出す過程を「プロセス」と呼んでいます。

ここではプロセスを教える効果について考えていきましょう。

プロセスを学ぶことの効果を一言で言うと、再現性に尽きるでしょう。

あるケースが起きた場合はこのように対処するべきだというマニュアルがあり、それを暗記したとしても、それと異なったケースが起きた場合その知識は活かせません。

しかしプロセスを学ぶと、さまざまなケースに応用することができます。

その結果、どんな状況でも同じ結果を出すことができる再現性が期待できるのです。

特に「考える力」が必要な仕事や生活においては、答えを学ぶよりも、答えを導き出すプロセスを学ぶことが求められます。

例えば、電車の遅延で予定していたイベントに遅れそうなときには、精度の高い情報を得る情報収集というプロセスや、別の経路を組み立てる代替案を出すというプロセスが求められます。それらを踏まえた判断力、実行力などは、このようなケースだけではなく、どんな事案でも当てはめることができます。

急病人が出たときや、突然停電したときなども、このプロセスを学んでいて再現できれば、より解決に近づくわけです。

逆に答えを教える方がよいケースもあります。

例えば、テクニカルスキルは機械の操作方法や商品知識などの技術的なスキルです。

このスキルを伸ばすには「正解」を教える教え方が正しいでしょう。

なぜならば、機械の操作方法には基準があり、その通りにしないと正しく動作しません。

いわゆる答えがあるということなのです。


ここで整理の意味で、カッツ理論についてお話ししましょう。

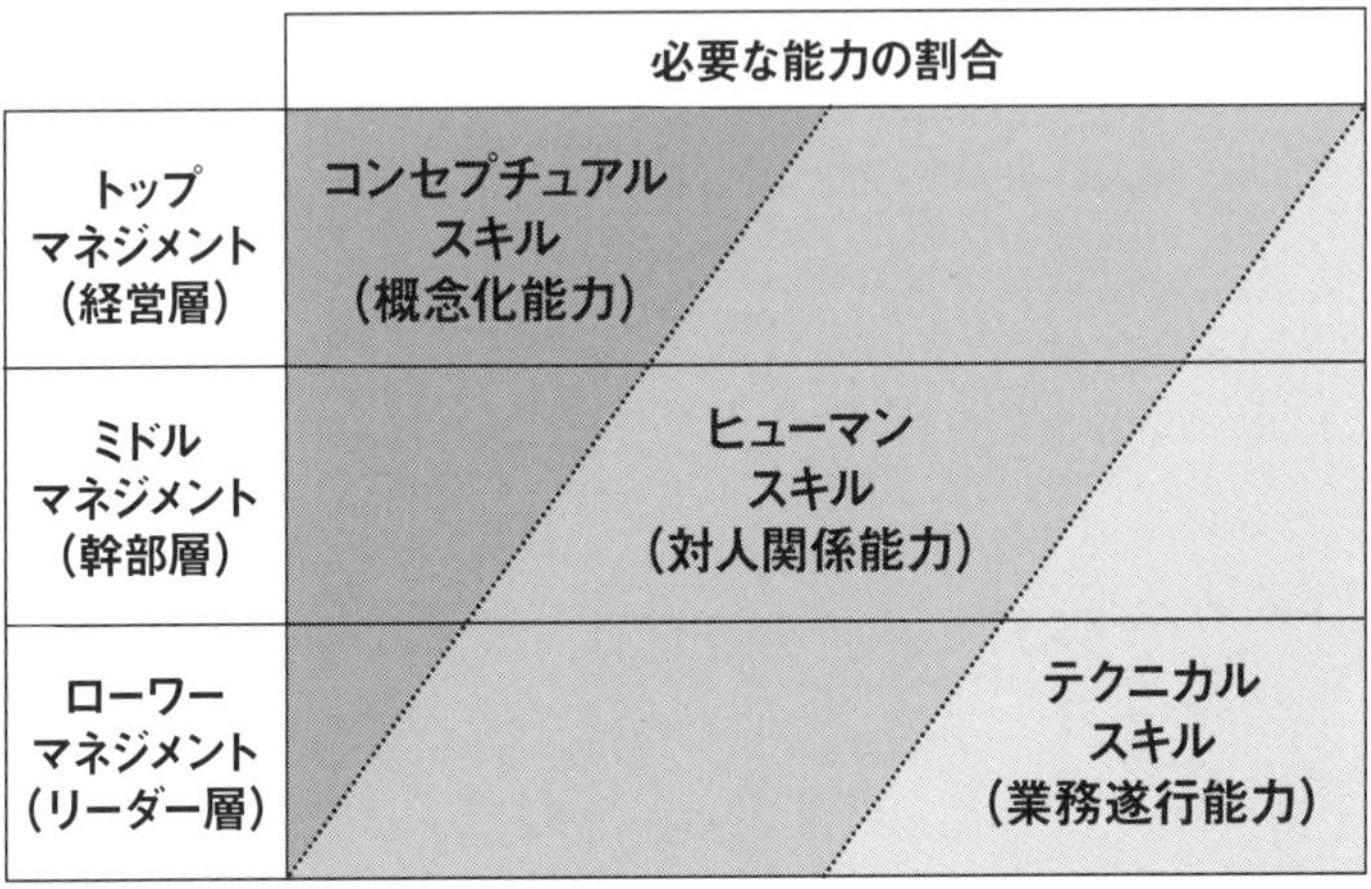

上の図はアメリカの経営学者、ロバート・カッツが提唱した「カッツ・モデル」と呼ばれるもので、職位と能力の関係性を表しています。

簡単に説明すると、カッツは仕事に必要なスキルは3つあると提唱しています。

「テクニカルスキル」「ヒューマンスキル」「コンセプチュアルスキル」の3つです。

先ほどお伝えしたように「テクニカルスキル」には正解があり、これは答えを教える方法が効果的ですが、ヒューマンスキルやコンセプチュアルスキルは考える力が必要で、正解が存在しません。

ヒューマンスキルの相手は生身の人間なので、必ずこう指導すれば聞いてくれるというものではありませんし、未曽有のトラブルが起きたときにはこのように対応すればいい、というマニュアルがあるわけでもないからです。

インバスケットはこれらのヒューマンスキルと

コンセプチュアルスキルを伸ばす教え方をします。

考える力（判断力や問題解決力）を伸ばすためには、考えるプロセスを学ばせることが大事なのです。

ですから「このようなケースの際にはこのような判断をする」という結果を学ばせることは意味がありません。

おなかを減らしている人に「魚」を与えるのではなく、「魚のとり方」を教えるという例え話の通り、結果に焦点を当てるのではなく、そのプロセスに気づかせるのです。

2-3 アメリカ空軍の悩み

みあは新人教育を思い出した。確かに宮崎はすぐには答えを教えなかった。「自分で考えろ」。これが常套句であった。でも今の教育は違う。テキストに答えが書いてあり、それを覚えさせる。

いつからこうなったのだろう。

宮崎はにっこり笑って言った。

「青山さん、そこだよ。知っているけど、できない、この問題は教育の大きな課題だよね。例えば優秀な大学生が仕事でいい結果を出さないこともある」
「はい……」
「だから、〝知っている〟と〝できる〟を分けて考えなきゃならないんだよ」
「分ける?」
「それに目を付けたのがアメリカ空軍だった」

解説

インプット型とアウトプット型教育

先ほど申し上げた通り、インバスケット学習は答えを導き出す過程であるプロセスを学ぶツールです。

学ぶといっても過程を理論で伝えたり、知識を植え付けたりするよりも、「できる」かどうかに焦点を当てて教えていきます。

学習には「インプット型」と「アウトプット型」があります。

私たちが学生時代に受けてきた教育の多くは新しい知識やフレームワークを教えてもらう

「インプット型」です。

教科書を暗記したり、空欄に適切な言葉を入れたりする教育方法です。

生活の中でもインプット型教育は行われています。

「こうしてはいけない」

という教え方ですね。

そしてその教育の効果測定に使われるのがテストでした。

どれだけ正確に覚えているか、を測定する記憶型の試験です。

たくさん知っている人が優秀で頭が良いと言われましたが、実際に社会に出ると必ずしもそうではありません。

なぜなら、社会人になると知識だけで生きてはいけないからです。

実際に仕事を組み立てて利益を出すとか、人間関係を円滑に進めるなどは、インプットされたことをアウトプットに変えないとできないからです。

企業の昇格昇進試験で取り入れる企業が増えるのも、リーダーや幹部社員には知識だけではなく、それを実践することが期待される背景があるのです。

後ほど、教育プログラムの組み方についてもお話ししますが、インバスケットはアウトプッ

インプット教育とアウトプット教育の関係

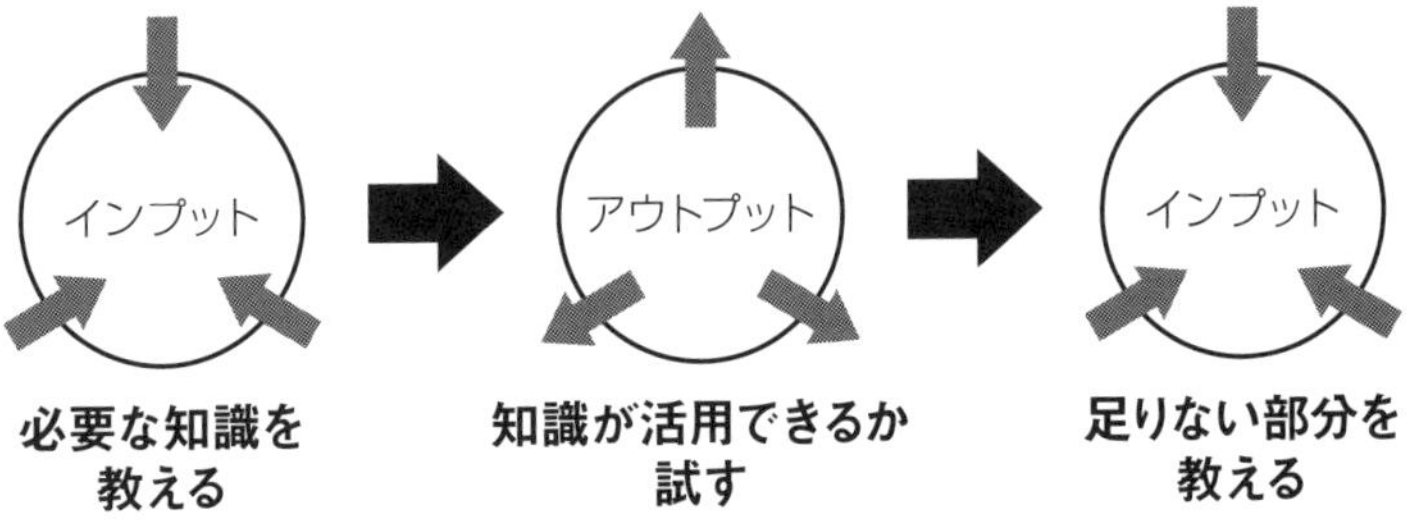

トしてほしい知識や能力をすでに受講者が理解しているという前提で進めます。

理由は、上の図のように、インプットとアウトプットは切り離せない関係だからで、アウトプットできるかをインバスケットで試すためには、インプットされているという前提が必要だということです。

つまりインプット教育だけでもだめですし、アウトプット教育だけでもだめなのです。

仮にアウトプット教育を先行すると、学ぶ方は「後出し」と捉えますし、インプット教育だけを行うと「できるつもり」が先行してしまいます。

私が相談される失敗のケースの多くは、インバスケットを従来のインプット方式の教育に使っているのです。

〈失敗のケース1〉

ある企業のマネジメント訓練で、あらかじめ用意された模範解答をもとに研修を進めた。
受講者には「模範解答」を記憶するように研修を進めた。

〈失敗のケース2〉

小学校の授業で、歴史の教育でインバスケットを使い、当時の武将がどのような行動を取ったのかという結果を「答え」として教えた。

これらのケースに共通するのは、「答え」が用意され、それを受講者や生徒に「教えた（インプットした）こと」です。

ケース1の対応としては、あらかじめマネジメントの基本教育を行ったうえで、そのマネジメント技法がケースに活用できたのかを振り返るべきですし、ケース2では、生徒が同じ状況でどのように考えたのか、武将が実際に取った行動と異なる行動を取ったとしたら「どうしてその行動を取ったのか」という点に焦点を当てるべきで、答えを記憶させるのであれば従来のテストを活用するべきです。

このようにインプット教育とアウトプット教育の利点を知り、組み合わせて活用するのです。

2-4 体験型教育は意味がない

「知っている」と「できる」は違うか……。

みあは改めて考えた。みあ自身も覚えがあった。

初めて部下を持ったときに、研修で部下指導の方法は習ったが、実際にはうまく指導できず、感情をぶつけてしまったこともあった。

その時に〝どうしてできないのか〟と悩んだ。

「ひょっとしたらそこにヒントがあるかも」

宮崎はうなずきながら言った。

「そうだね」

「覚えさせて、やらせてみる、ですね」

「ああ、その通りだ」

みあは宮崎と再会し、今がケーキのたまの教育方法の転換期であることを悟った。

みあは熱を入れて「アウトプット教育」の必要性を教育訓練課のメンバーに語った。

しかし予想以上に反応は冷ややかで、特に西野沢は明らかな嫌悪感を示した。

「昔ありましたな。精神教育だとか実地訓練だとか……全くナンセンスだ」

西野沢は冷ややかに言った。

「どうしてですか」

「怠慢ですよ。自分で考えろ、だとか先輩の技を盗めだとかは、教える側の怠慢でしかない。私はそんな昔の教育を科学的に改善しました。なのにまた以前の精神教育に戻すなんてありえない」

「そういうことではありません。〝知っている〟を〝できる〟に変えたいだけです」

みあの訴えを全く無視するかのように、

「どっちも一緒です。どうしてもと言うなら部長がお一人でされたらよろしい」

他のトレーナーも西野沢の目配せにうんとうなずく。

〝これ以上は何を言っても無理ね〟

そうみあは思った。

でもいち早く手を打たなくてはならないという焦りといら立ちだけが高まっていく。

みあは会議を終わらせて自室に戻り、頭を抱えていた。

するとドアがノックされ、聞き慣れた声がした。

「部長、少しお時間いいですか」

ドアを開けると吉村課長代理と立花が立っていた。


吉村はこう切り出した。

「私たちは青山部長がおっしゃるように、今の教育体制では課題は解決できないと考えています」

みあは目が潤んだ。よかった、一人じゃなかった。

「そこで提案があります。インバスケットを取り入れてはいかがでしょう」

みあは昔の記憶をたどった。

「インバスケット……確か、昇格試験で昔受けたわね」

「はい。以前はテストとして活用されていましたが、現在はトレーニングとしても使われているのです。すでに多くの企業や団体が導入しています」

「へえ、そうなの」

みあは全く活用イメージがうかばない。覇気のない返事になった。

手渡された資料をぺらっとめくると、インバスケット教育と従来の教育の違いが書かれていた。

解説 インバスケットの5つの強み

インバスケット教育法の強みをご紹介しましょう。

5つあります。

1. 自分の行動を客観的に見直せる

今まで見えなかった自身の行動を文字化や数値化することで見直すことができます。

例えば、判断のパターンや他人への言動、思考のプロセスなどは通常見えない部分ですが、それを見直すことができます。可視化することで、自身で見直したり他者と比較したりすることができるわけです。

つまり、インバスケットの強みは、自分の取った行動の見える化ができることです。

2. 持っている能力の発揮度が見られる

覚えたかどうかではなく使えるかどうかの「発揮度」を見ることができます。

先ほどの章で解説した通り、覚えたことや身につけたことがどれだけ活用できるかを見ることができます。

また次のステップに向けて、どれだけの能力を有しているかをシミュレーションして見ることができます。特に部下への接し方や判断の仕方、トラブルへの対処行動などが客観的に観察できるのです。

3. リアルな事象での学習

インバスケットは、舞台は違うものの、実際にこれから遭遇するであろう事例を組み込んでいます。ですからケーススタディのような遠い世界の出来事ではなく、実際に受講者がこれから遭遇するであろうリアルな事象を扱うので、実用的かつ主人公（本書では青山みあ）の気持ちになってのめりこむことができるのが特徴です。

また、実際の職場への応用や関連づけもしやすいので、実践的です。

4. 全体感や関連性に対する能力向上

インバスケットとケーススタディの違いは、全体感や関連性を把握する能力を測定できるかできないかという点です。

インバスケットはケースが一つではなく、いくつも連続しており、目の前の案件だけを見て判断できない構造になっています。

したがってストーリーとして捉えて物事を関連付けることが求められますし、全体感の把握も必要になります。

一方で連続した案件を読み取る必要があるので、短時間のぶつ切り問題には向きません。

全体感を出すには複数のケースが必要になるからです。

5．次ステップのシミュレーション

インバスケットは現状発揮されている能力値を測定するよりも、まだ発揮されていない能力が発揮できるかを測定するのに適しています。

それはインバスケットが次のステップのシミュレーションだからです。

つまり、学んだ知識やスキルを、まだ受講者が経験したことがない状況下において発揮できるかを測定するのに適しているわけです。

例えば、初めて管理職になり部下を持つなどのビジネス環境における昇格昇進や、学生から新社会人になるステップなどを模擬体験し、どのような行動、どのような能力が発揮できるかを測定することができるのです。

次ステップのシミュレーションは、受講者にとって3つのメリットがあります。

1．次ステップに必要な能力の把握ができる

2．どこで失敗するかを知り、改善点を発見できる

3. 次ステップへの意識付けができる

自分の将来に対しては、大なり小なり不安があります。そこで将来の模擬体験をするということはとても意義があることなのです。

2-5 急がば回れ？

みあは吉村の提案書と説明を聞き、まったく確信はないが、藁《わら》にも縋《すが》る思いでやってみる、という選択肢を選んだ。

「よし、すぐにやろう」

吉村はみあの反応に少し表情を和らげたが、トーンを落として言った。

「リスクもあります。きっと課長はいろんな手で妨害してくるでしょう……」

「でしょうね」

「正攻法では突破できません。そこで提案があります。部長に社長の承諾を取りつけていただき、社長指示ということになれば安易に妨害もできません」

「なるほど、強行策ね。でも、あなたたちは立場が良くなくなるかもしれないわよ」

吉村と立花はゆっくりうなずいた。


みあは社長のアポを取り、切り出した。

「ふーん。青山君らしいね。いいと思うよ」

直談判した社長から出た言葉だった。

安堵したみあだったが、次に鋭い眼光が飛んできた。

「ただ、そのインなんとかには賛成だが、いきなり会社全体に導入するのはどうかな？」

「どうしてですか？　やってみないとわからないじゃないですか」

「甘いな。新しいことをするときにはプロトタイプが必要だ。失敗したときに取り返しがつかないことになる」

「絶対成功させます」

「だめだ。急がば回れという言葉があるだろう。私が数名の幹部に指示をするから、極秘にそこでまず試せ」

解説 スモールスタートで始める

インバスケット教育や研修を導入しようとする際に気を付けるべき点を申し上げましょう。

まず、考える時間をかけないことです。

ある企業で、管理職の意思決定力を鍛えるためのインバスケット教育が企画されました。

しかし、計画の作成に2年がかかりました。

最初から完全な計画を作ろうとすると、そのように時間がかかってしまうわけです。

一方でいきなり本格的にプログラム化して制度として取り入れた企業もありますが、これもうまくいきませんでした。

周りからの理解や準備不足などもありましたが、一番の理由は大人に対する学習の進め方の基本である「受けたい教育」になっていなかったからです。

ですので、私はインバスケット学習を取り入れようとする人には「ラピッドプロトタイピング」をお勧めしています。

これは製品開発などでよく使われる言葉ですが、ラピッドは「高速」、プロトタイピングは「試作品」を意味します。

つまり、できるだけ早く試験を実施をすることです。

初めはスモールスタートでやってみてはどうでしょうか。

部署の中だけでやるもよし、友人たちと勉強会がてらやるもよし、店長会議終わりの1時間、交流や意見交換でインバスケットを使うのもいいと思います。

インバスケットを実施し、その感想を共有し、「部下指導について意見交換」というワークを設定するのもいいでしょう。

このワークを実施するだけでもインバスケット教育の特徴がわかると思います。

例えば受講者は〝今までやっていた自分の部下指導が人と比べて厳しすぎた〟とか、〝部下から意見を引き出すという行動が取れていなかった〟などの気づきを話してくれます。

すごいことだと思うでしょう。

なぜなら何も教えていなくても受講者が自ら気づき、学ぼうとするからです。

それをもって本書を読んでいくと、さらにイメージもしやすくなりますし、なるほどとおわかりいただける部分も多いと思います。

一番簡単なインバスケットの勉強方法をお教えします。この項の最後の「コラム」を実施してみてください。案外盛り上がりますし、インバスケットの醍醐味も少しわかると思います。

ただ、これはインバスケットのさわりの部分だと思ってください。

今までお話ししてきたのは教える側のメリットでしたが、インバスケット学習をスモールスタートにする意味は、受講者側にもあります。

インバスケットは変わったテストです。

性質上、頭の良い方やテストで高得点を取っていた方、または優秀と評価されていた方たちが、今まで遭遇したことのないテストです。

そういった方に対していきなりインバスケットを本格的に実施すると、インバスケットアレルギーとも言える現象が起きるのです。

あまりのショックに現実逃避したり、中には、インバスケットは現実には役立たないと周りに広めたりして、今後のインバスケット教育の障害になりかねないのです。

このアレルギーを緩和するためにも、まずはゲームとして短時間で実施し「面白い」「もっとやりたい」と思わせることが大事です。

中にはあえて「インバスケット」という言葉を使わずに「ビジネスシミュレーションゲーム」として導入して成功した教育担当者の方もいらっしゃいます。


このような形でインバスケットを始めていくと、「こんな課題にも使えるのではないか」だとか「自分の部下にもやらせたい」という意見が上がってくると思います。

そこにインバスケットを当てはめていくと、スムーズに協力者を得ながらインバスケット教育のスタートが切れるのです。

コラム　計算問題を使った仕事の進め方勉強会

〔必要なもの〕

・計算問題（78ページを参照）
・机、筆記用具

〔進め方〕

複数人を集め、計算問題を実施する。

その結果を振り返り、点数化する。

「どうして点数の差が出たのでしょうか」と伝えて考えさせ、意見交換させる。さらに、「実はこの問題は実際の仕事の進め方と似ていると言われています。いかがですか」と実際の仕事と置き換えて考えさせる。

〔ゴール〕
簡単なものだけやったり、全てをしようとしたりすると結果が伴わないことを知り、優先順位をつけることの重要性が認識できる。

2-6 わざと失敗をさせる

社長指示の極秘インバスケット勉強会の準備が進められた。教育課長は何度か探りに来たが、どうやらまだばれていない様子だ。

そして実施当日、ある会議という名目で、管理職層にある合計8名の社員が集められた。

社長から、まずは若手受講者の上司に体験してもらった方が、今後のインバスケット導入がスムーズに進むだろうと言われたからだ。

みあと吉村、そして立花以外のメンバーは何のために集められたか知らない。

みあが冒頭で、現状の会社の教育課題を話した。

経営企画室の岡田は言った。

「なるほど、で、私たちに何をしろと？」

「はい、今からお配りする計算問題をやっていただきます」

岡田は拍子抜けした顔で苦笑いした。

「計算問題……はは……それが新しい教育ですか」

「ええ。至って簡単です。1分以内に暗算でその計算問題を解いてください。それで出した答えの数が皆さんのポイントです」

「ポイント？」

「はい、例えば1＋1は2という問題だとしたら2ポイント獲得です。一番ポイントの多い方を表彰します」

岡田は言った。

「ははあ、わかった、全部解けば最高得点というわけだ」

「そうなりますね。では、皆さん。いいですか、お配りします」

全員真剣なまなざしで裏向きに配られた計算問題用紙（次ページ参照）を見ている。

「ではお願いします」

〈計算問題〉

以下の計算式を"暗算"で、制限時間以内に計算してください。
ただし、回答した数字がそのままあなたのポイントとなります。
例えば、1＋1＝という問題に正解した場合のあなたのスコアは
2ポイントです。
それではスタートしてください。

㋐ 5+9+2+1=		㋑ 5+11=	
㋒ 9+4+3+2=		㋓ 9+2+1=	
㋔ 8+2+2+1=		㋕ 29+5+21+2=	
㋖ 1+2+1=		㋗ 2+5=	
㋘ 2+5+4+8=		㋙ 3+1+9=	
㋚ 5+50+1+2=		㋛ 9+2=	
㋜ 9+52+11+5+22=		㋝ 9+5+2+1=	
㋞ 9+2+3=		㋟ 5+9+1=	
㋠ 3+1+5=		㋡ 4+18+25+22=	
㋢ 2+1+32+24+19=		㋣ 1+19+25+36=	
㋤ 4+5+1=		㋥ 19+5+21+3=	
㋦ 9+2+5+4+4=		㋧ ㋢+㋜=	

㋐から㋧までの回答を加算します。

あなたのスコアは、合計 [ ] ポイントです。

※サンプルです。

紙をめくる音が一斉にして、続けてコツコツとペンが机をたたく音がしている。

みあはストップウォッチを片手に眺めている。


「はい、終了です」

「ええーーーーっ。できなかった」

「早いな。あと１分あればできたのに」

受講者は口々に言って、会場はざわついた。

「では、出した解答の合計を出してください。スマートフォンの電卓機能を使っても結構です」

受講者はみんな計算をし始める。

「はい、ではスコアをグループで共有してみてください」

あらかじめ４人ずつに分けてあった２つのグループが一斉に話し合いを始めた。

みあは２分ほど待ち、声をかける。

「はい、こちらのグループの最高点は何点でしたか」

「えっと、東雲《しののめ》さんの４６７点です」

別のグループからどよめきが起こる。

みあは拍手をして次のグループに同じ問いをした。

「こちらは岡田さんの430点でした」

みあは拍手する。

「高得点を出された方はおわかりだと思いますが、実は高いスコアを狙うには、一番最後の問題を解く必要があります。そのためにはそれを導き出す2つの計算式を解きます。この3つを解けば、もう350点以上出るわけです」

「えーー。はめられた」

七井家《なないけ》が大きな声で言うと、みんな大笑いした。

「はい、で、この計算問題の進め方は仕事にも同じ傾向が出ていると言われています。限られた時間の中で多くの仕事が来たときにどのようなスタイルで対処をしているか、という観点で一度意見交換してもらえますか?」

そう言って、10分間グループ内で意見交換させた。

各グループの、雑談に近い意見交換が終わった。

みあは数名のメンバーに声をかけた。

・秘書室室長　東雲洋一
「やられました。初めから順番に計算式を解いて、青山さんの種明かしでハッとしました。自分の仕事の進め方も指示待ち傾向があることを改めて実感しました」
・秘書室　秘書　七井家珠美《たまみ》
「正確さを重視したので最高得点は出ませんでした。でもほかの方との意見交換でいろんな解き方があるのは新鮮でした。仕事の進め方も一つじゃないということですね」
・経営企画室　岡田けんたろう
「行き当たりばったりで業務をする事も多く、今回は優先順位を『つける』、さらに『どうつけるべきか』を学べてよかった。今後の仕事の進め方にも、使用していこうと思った」

みあは30分の実験で、この体験型学習の可能性を実感した。

それからみあは吉村と立花、そして元部下であった現役店長の夏目を合わせた４名で研修の振り返りを行った。夏目には今回の実験の受講者の目線から率直な意見を聞きたかった。

夏目は現在四谷店の店長で、みあが店長時代に信頼していた部下だ。彼女は負けん気の強さと行動力を持っている。その夏目が照れ笑いを見せながら話す。

「実は私もショックを受けました。とにかく頑張ればなんとかなるって思ってて」

それを聞いて立花がクスッと笑った。立花と夏目は東京中央店時代、同僚として、よきライバルとして切磋琢磨してきた間柄だ。

「夏目さんらしい……でも私も引っかかりました。最初から全てやらなきゃならないと思って」

二人は前半部分しか答えを書いていない解答用紙を見せ合って笑った。

吉村は腕組みをしながら唸るように言った。

「これだよ。これ」

立花は聞く。

「これじゃわかりません」

吉村は大きく手を広げて感極まったように言った。

「これはすごいよ。実は青山部長は何も教えていないんだよ」

「ますますわかりません」

「ああっ。なんでわからないかな。何も教えていないのに、みんなが勝手に学ぶ。これがうちに足りないんだよ。受け身じゃなく自発的にだよ」

みあもうなずいた。

「そうね。これは使えそうね」

そこに夏目が手を挙げる。

「店長……いや青山部長、いいと思うのですが、ちょっとショックが大きいので、今度やるときにはもっとやさしくしてもらえませんか」

立花もうなずきながら言った。

「そうですね。制限時間を延ばしてもいいと思います」

みあも納得した。

「よし、じゃあもう少し制限時間を延ばしてみよう」

しかし、この作戦は失敗だった。

2回目は倍の時間2分をかけて計算問題を行ったが、そのあとの振り返りでは前回と全く違った感想が出た。

全受講者が時間内に全ての計算問題を解いてしまったのだ。

アンケートには気づきどころか「意味がない」といきなり落第点になった。

「どうしてかな……ストレスをかけないと喜ばれると思ったのに」

みあはアンケートを見つめてため息をついた。

すると吉村が言う。

「きっとインバスケットは成功させてはいけないんですよ」

「どういうこと？」

「大学の経営工学の授業で経営模擬体験プログラムを受けましたが、そこではあえて失敗するように仕組んでいるようです」

「へえ」

「それは失敗してそこから学ぶことが重要だからだそうです」

みあは考えた。

「なるほど、失敗する経験が学びにつながるわけね」

解説

模擬体験は失敗体験

失敗をすると人は学びます。

1対2対7の法則というものがあります。

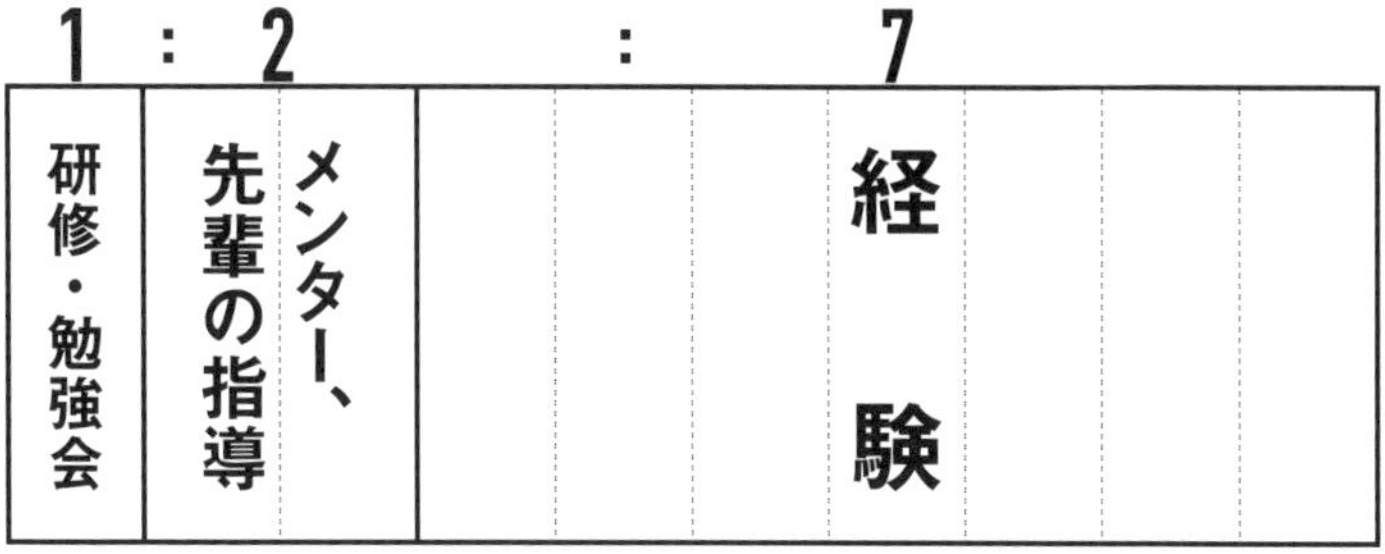

これは職場で人が成長する3要素の比率を表しています。

1は研修などで学ぶOFF－JTと呼ばれるものです。2は上司やメンターが直接指導するOJT。残りの7割は何でしょう。

そうです。経験です。しかも失敗する経験が大きな成長要因になると言われています。

このことから、失敗が学びにつながって成長することがわかるのです。

しかし、実際の現場で失敗すると損失も出ますし、本人の自信もなくなります。

そこで模擬体験が重要になるわけです。

模擬体験は成功するかどうかを試す場でもありますが、失敗を経験させる場でもあります。ですから模擬体験のプログラムはあえて失敗をさせるように作ります。

そして、どうして失敗をしたのかを振り返らせるプロセスを作るのです。

逆にインバスケットで簡単に成功すると「勘違い」が発生する

ことがあります。

それは模擬体験で「できる」と思い、本番に軽い気持ちで臨んで大きな失敗をするということなのです。

ですから、問題設計もプログラムも、受講者が完璧にできるものであってはいけません。

逆に全くできないのも問題です。

なぜなら完全に自信を無くし、模擬体験の場で次のステージを必要以上に恐れてしまうからです。

そうならないように「失敗をしてもいい」ことと「必要以上に落ち込む必要はない」ことを受講者に伝えてあげるといいでしょう。


つまり模擬体験では「程よい失敗体験」が必須になるわけです。

《2-7》もやもやします

計算問題を使ったインバスケットは、メンバーを変えて3回繰り返された。

今はみあだけではなく立花も進行役となり、満足度は安定してきた。

「立花さん、お疲れさまでした」

4回目の計算問題研修が終わった立花にみあは声をかけた。

立花は会釈し、みあのもとに近寄ってきた。

その顔には何か影がある。

「どうしたの？」

「はい……本当にこれでいいのでしょうか」

みあは立花の質問に真剣な表情になった。

「何かあったの？」

「ええ、今日出席していた経理部の鈴木さんから「どうすればメリハリってつけられるのですか」ってご質問をいただいたのです」

「どういうこと？」

「鈴木さんはまじめな方で、計算問題を全てやろうとして時間切れになりました。仕事も同じだそうです。すべてやらなければならないと感じて毎晩遅くまで仕事をされているそうです。メリハリが必要だとわかっているができないということでした」

「そうなの。それに対してどう答えたの？」

「それが、うまく答えられなかったんです。だって答えを教えてはいけないでしょう……」

「うーん」

立花は涙目で訴えた。

「今までは研修終了後にみんな希望と自信を持って帰ってもらっていました。私はそれが教育だと思っています。でも今はみんな肩を落として帰ります」

みあは声がかけられなかった。

「教える仕事って何か困ったことを解決することだというのが私の考えです。でもこれは違います。悩みを与えているような感じがして」

立花は言葉を止めると、一筋の涙を流した。


みあはまた宮崎の店に足を運んだ。

「教えないって難しいです。と言うより苦しいです」

宮崎は粉のついた手を洗い終えると、椅子に腰かけた。

「答えを教えてあげると相手は喜ぶ。しかし、それは本当に受講者のためになるのかと言えばぼくは違うと思うね」

宮崎は、表情がケーキ屋の主人から、険しい教官の表情に変わっていた。

「子供が自転車に乗れないからって、ずっと支えているとどうなるのか？　わかるだろう。たとえ転んだり泣いたりしても、黙って見守るのが一番の教えだと思うがね」

「我慢するしかないということですか」

「覚えているかい。名入れの練習を」

みあは宮崎の言葉で、新入社員の時のケーキのプレート名入れ実習を思い出した。

あの時のみあはどうしてもうまく書けず、投げ出しそうになって泣いた。

でも宮崎は「できるまでやるように」という言葉だけ残して部屋から出た。

「覚えています。ひどい教え方でした」

みあは笑いながら言った。

「僕も覚えている。51枚のプレートをだめにしたのは君が残した記録だ」

「え？　どうして……あの部屋から私を置いて出ていったのに」

宮崎はにこっと笑った。

「あの時、君はこう変化した。初めは『できる』そして『できない』そのあとは『どうしたらできるのか』」

みあは思い出しながら言った。

「そうだったかもしれません」

「その『どうしたらできるのか』を大事にすることが教えない教え方だよ」

解説

インバスケット学習のゴールは「すっきりしない」

インバスケット学習のゴールイメージは「すっきりしない」です。

それは通常の学習が、受講者や生徒の悩みを解消する知識やスキルを与えることが目的であるとしたら、インバスケットは今まで気づいていない問題に気づき、解決策を模索している過程だからです。

私たちはこの状態を「もやもや状態」と呼んでいます。

この状態は心理学でいう「コンフォートゾーン」の再構築の状態です。

コンフォートゾーンとは「自分らしさ」と考えればいいでしょう。

例えば、自分は仕事ができる、と考えている受講者は、本当の自分の実力を見て「自分らしさ」とは違った自分を受け入れようとしている状態なのです。

この状態では、自信がなくなり、何をすればいいかわからないという心理状態になります。

講師側から見れば不安で何とかしてあげたいのですが、ここは我慢です。

なぜなら、受講者は必ず新しい「自分らしさ」を見つけるからです。

これが再構築状態です。

課題や改善点はわかったが、実際にどうやればいいのかと悩む受講者もいれば、今まで自信を持っていたことに対して自信をなくす受講者もいます。

教える側としては失敗したかのような罪悪感を持つことがありますが、心配ありません。

インバスケット学習のポイントは、この「考えさせる状態」で研修を終えることがベストだということです。

考えさせる状態は、人によっては長く続きます。でも、受講者は必ず自分のイメージを再構築し始めます。そのための行動を取るようになるのです。

ですから、そっとしておいてあげてください。


研修後、受講者がよく相談に来ます。

「先生、私は判断ができないのですが何からすればいいでしょう」

このような質問を受けることもあるでしょう。

しかし、そこは答えてもハーフアンサー程度でとどめます。

「○○さんはどのようなことをしたらいいと思いますか？」

「現場で小さなことでもいいので何かできることはあるでしょうか」

インバスケット学習では、講師側は「気づかせる」のが役割で、その答えを見つけるのは講師ではなく「受講者」なのです。

ベテランのインバスケットトレーナーになると、ついつい過去の経験から「こうしたらいい」と助言したくなりますが、我慢しなければなりません。

よいもやもやを持って帰ってもらうことが目的なのです。

第3章

インバスケット教育の基本

3-1 インバスケットが目的ではない

みあは宮崎の言葉で気づいた。

今までの教え方の概念の延長線上で考えるから、「これでよいのか」という疑問が出る。この教え方は全く別物なのだ。

インバスケット学習では、「もやもやして帰らせる」がゴールなのだと立花にも話をした。

立花の戸惑いを全て払拭できたわけではないが、少し安堵したようだ。

みあはついに「報告連絡相談インバスケット教育計画」に着手した。

様々な方面に根回しをして、計算問題研修を受講した支援者も含めて社内の支援体制は徐々に構築されていった。

社内でも、みあの新しい手法に注目する人が多くなってきた。

時が来たと感じたみあは、その勢いで社長プレゼンに臨んだ。

「ですから、このインバスケットは従来の教育方法と全く異なり……」

力強くプレゼンをするみあ。しかし社長の大蔵の反応は冷ややかだ。

プレゼンが終わると、大蔵は手を5回ほど打った。みあにはそれが形式的な拍手に聞こえた。

「ふむ、効果があったのはわかった。よくやった。ただ君は本来の目的を見失っていないかい？」

「は……と申しますと……」

「私は社内で起こっているコミュニケーション不足を解決してくれと言ったよね。しかし、君はそのインなんとかを導入することが目的になっているように見えるんだ」

解説

インバスケットは問題解決の手法である

本末転倒という言葉があります。

これは本来の目的がどこかに消え去り、やることが目的になってしまうことです。私の会社はインバスケットの専門家集団ですから、これをやってしまいがちです。ついついインバスケットを使うことが目的になってしまうのです。

ですから、インバスケット教育を実施することを目的とせず、何を解決するかという観点を見失わないようにしましょう。

本末転倒にならないように、インバスケットを活用した教育でも、まず目的の設定から始めます。

例えば、「課長としてのマネジメント力を向上する」でもいいですし、「仕事の生産性を上げる」などでもいいでしょう。

抱えている問題を解決することを明確に定義しましょう。

次に、教育目標の具体的な設定ですが、あまり細かく絞りすぎないことがコツです。

ある程度大枠で設定してもいいでしょう。

インバスケットでは、答えではなく、答えを導き出す方法に気づかせると書きました。

この導き出す方法が人それぞれであり、気づきの観点も人によって違うからです。

例えば計算問題研修で、ある人は、仕事の計画の立て方に課題を見つけ、ある人は、依頼された仕事を断れない判断力に気づきを得ます。

ここで「仕事の計画の立て方」という目標に絞ると、後者の気づきが生まれない可能性があるのです。

つまり細かい目標設定をすると、受講者の気づきも限定的になるのです。だから大枠で目標設定をするのです。

先日、当社のある講師が、担当する講習で「情報収集力を向上させる」という目標設定をしましたが、これを修正するように指示を出しました。

受講者はその部分に限定して気づきを得ようとするからです。

これではプログラムの幅も狭くなりますし、教育の効果も限定的になってしまいます。

ですから「仕事の進め方」や「仕事の基礎力」など、気づきの幅を広く取るといいでしょう。

また、インバスケットに限りませんが、教育目標は現場の問題解決に関わるものにしなければなりません。

私が企業の研修を担当する際には、よく職場を拝見します。そして経営層などからヒアリングを行います。

なぜかというと、その企業がどのような問題を抱えているかを知りたいからです。

残業が恒常化しているのであれば「時間管理」「計画」がテーマに入るでしょうし、ギスギスした雰囲気でしたら「ヒューマンスキル」「組織力」がテーマに入ります。

これはインバスケット教育に限ったことではなく、教育には目的があり、その対象が抱えている問題や達成しようとするあるべき姿に近づくための解決方法でなければなりません。

これらを踏まえ、インバスケット教育は何らかの問題を解決するための一つの手法だということをまず理解してください。

《3-2》知っているをできるにする

みあは社長の言葉を聞くと、大きく深呼吸した。

「ふう。確かに新しい教育手法を実施することに意識が偏っていたようです」

大蔵は笑いながら返した。

「まあ、猛進するのは君のいいところでもあるがな」

みあは照れ笑いをした。

大蔵は再び鋭い眼光でみあに言った。

「で、このインなんとか研修はその計算問題を使うのかい」

「いえ、吉村の報告によると、報告連絡相談が実際に現場でできるかを測定できる問題が必要だそうです」

「この前のテストのようなものか」

「前回のテストは教えたことを覚えているかを測定しましたが、今回のインバスケットは覚えた知識が現場で使えるかを測定するものになるので、異なります」

大蔵は懐疑的な表情で言った。

「できるかどうかを測る……そんなものは現場でやらせてみないとわからないだろう」

みあは言い切った。

「おっしゃる通り、以前は現場で上司や先輩が、若手の能力を見極めて指導をしていました。しかし、今は現場の人員不足や、教える上司や先輩のスキル低下でそれができていません」

「現場で教えられないということか……確かに、うちの幹部連中でさえ報連相という基本的な行動ができていないからな」

「ええ、ですので、教えたことができるかどうかを測り、できない部分を再度教育するためにインバスケットを使います」

「なるほど、わかった進めてくれ」

解説

インバスケット教育の位置づけ

インバスケット教育は手法であるというお話をしました。

問題を解決するための方法の一つですから、全体の教育計画中でどのタイミングでインバスケットを使うのかを考えてみましょう。

後ほど研修プログラムの組み方の部分でお話ししますが、インバスケット学習の基本は、持っている知識やスキルが実際に活用できるのかを測定し、できていない部分を再教育するサイクルです。

つまり、いきなりインバスケット教育をしてもうまくいかないということなのです。

なぜなら、教育対象者が何も知らない状態で「できるかどうか」を測定しても意味をなさないからです。

例えば、野球を全く知らない人が、突然バッターボックスに立たされ、バットを持たされて、来たボールを打つようにと言われてもその人は困ります。

ですから、事前に教育をして知識を持っているかを確認し、そのうえでインバスケット教育

プロセス	1. 教える	2. 覚える・理解した	3. 使える
ツール	教材や研修	テスト	インバスケット

を実施する流れになるのです。

学習のプロセスを簡単にまとめると、次のようになります。

1. 教材などを使い教える

インバスケットで測定した知識やスキルを、テキストなどの教材を使い教える。

例えば報告連絡相談を教えるのであれば「報告とは何か」「なぜ報告が必要なのか」などを解説しながら教える。

2. 理解したかテストする

1のプロセスで教えたことを理解し覚えたかをペーパーテストなどで測定する。

ここでできなかったことは、1のプロセスでもう一度学び直しさせる。

3.理解できたことが活用できるかをインバスケットで試す

2で合格レベルと判断した場合、次は理解し、覚えたスキルや知識が活用できるかを、インバスケット問題を使って測定する。

例えば報告連絡相談であれば、それらのスキルが必要になる状況を想定し、実際の職場にいるかのような模擬環境を想定すること。

4.できない部分を1のプロセスで学びなおす

インバスケット問題で得られた回答をチェックリストやワークなどで振り返らせて、どこができていなかったのかを確認させる。

「理解したつもり」を解消させる意味で、1に戻ってテキストや講師の解説を再学習させる。

このサイクルが「使える教育」の方法なのです。

ですからこの一部だけを実施しても、全体としては不十分と言えます。突然インバスケット教育をしてもそれはインプット教育を行っただけで、「使えない教育」になってしまうことがご理解いただけたでしょう。

全体感をもってどのプロセスが足りないのか、そしてどこを強化すればいいのかを考えるべきなのです。

インバスケット教育の基本の流れを説明しましたが、「自分はできている」という認識を持っている受講者には、いきなりインバスケット教育を実施し、その後にインプット教育をするという手法を取ることもあります。

私の経験では、社会人になって20年以上の人や、管理者になって10年以上の人は〝自分はすでにできている〟と認識している人が多く、学ぶ意欲が低下していることがあります。

そのようなケースであれば、ショック療法的にいきなりインバスケット教育をして、対象者にまだ伸びる余地があることを知ってもらうという使い方もあります。

実際、数年前に私が企業研修をした際に、あと一年で定年を迎える管理職の受講者が言った言葉を今も忘れません。

「できれば10年、いやもっと前にこの教育を受けておけばよかった」

人は根拠のない自信を持つ動物です。

以前『一生使える仕事の基本』（大和出版）という本を刊行した際に、数名の読者の方からコメントで、「当たり前すぎる」「できて当たり前のことばかり」と書かれたことがありました。

しかし、私は2万名以上の方々に研修をしてきましたが、「当たり前のこと」がパーフェクトにできている方を見たことがありません。

このような〝できているつもり症候群〟にもインバスケットは効果があります。

当たり前が一番難しいということをインバスケットは教えてくれるのです。

2-3 5・3・2の法則って何?

みあは具体的なインバスケット研修計画の策定を始めた。

「研修の実施は決まったものの、何から手を付ければいいかわからないわね」

吉村が苦笑いしながら言った。

「それにしても西野沢課長がやたらおとなしいですね。本来ならいろんな手を使って妨害してくるはずなのですが」

「そうね……社長のOKを取っているから観念したのかもね。でも気を抜いちゃだめよ」

吉村はうなずいた。

「わかりました。で何から手を付けましょうか」

吉村が言うと、立花が返した。

「研修プログラムの策定でしょう」

「通常だとそうだけど、研修をするには講師が必要じゃないか。講師の教育が先だろう」

みあは吉村と立花が討議を続けるの見て、ヒートアップする二人に話しかけた。

「わかったわ。もっとシンプルに考えましょう。今回の報連相インバスケット研修を実施するには何が必要なのかを」

「わかりました」

3時間ほどの討議の中で、インバスケット研修に必要なものは大きく3つとなった。

「教材」「プログラム」「トレーナー」だ。

この3つの中で何から手を付けていくべきか、みあは悩んでいた。

解説 インバスケット教育を成立させる3要素

インバスケット教育を構成するのは「教材」「プログラム」「トレーナー」の3つです。

とは言うものの、これらは必須ではありません。

教材だけでもインバスケットの教育効果は十分得られます。

例えば、インバスケット問題を実施し、チェックリストでチェックするだけでも効果はあるのです。いわゆるセルフトレーニングです。

さらに教育効果を上げるには、教材にプログラムを関連づけます。

ここで言うプログラムとは、教材から得られた受講者の回答をどう使うか、という計画のことです。

例えば教材から得た個人の回答を持ち寄って、同じ教材を使ったメンバー間で意見交換をするという内容も立派なプログラムになり、セルフトレーニングとは違う気づきを与えることができます。

そして、プログラムを円滑に、効果的に進められるトレーナーをつけると、さらに教育効果は高まります。先ほどのメンバー間での意見交換を例に挙げると、トレーナーがいることで気づきを明確化できますし、そのあとの現場との関連付けもできるのです。

この3つの教育効果の割合は、次の図のようになります。


通常のインプット教育ではトレーナー（教える側）の資質が大きな要素となりますが、インバスケットでは逆で、学習効果に対して影響力が少なくなります。

なぜなら、トレーナーの役割は「教える」ことではなく「気づきを促進させる」ことだから

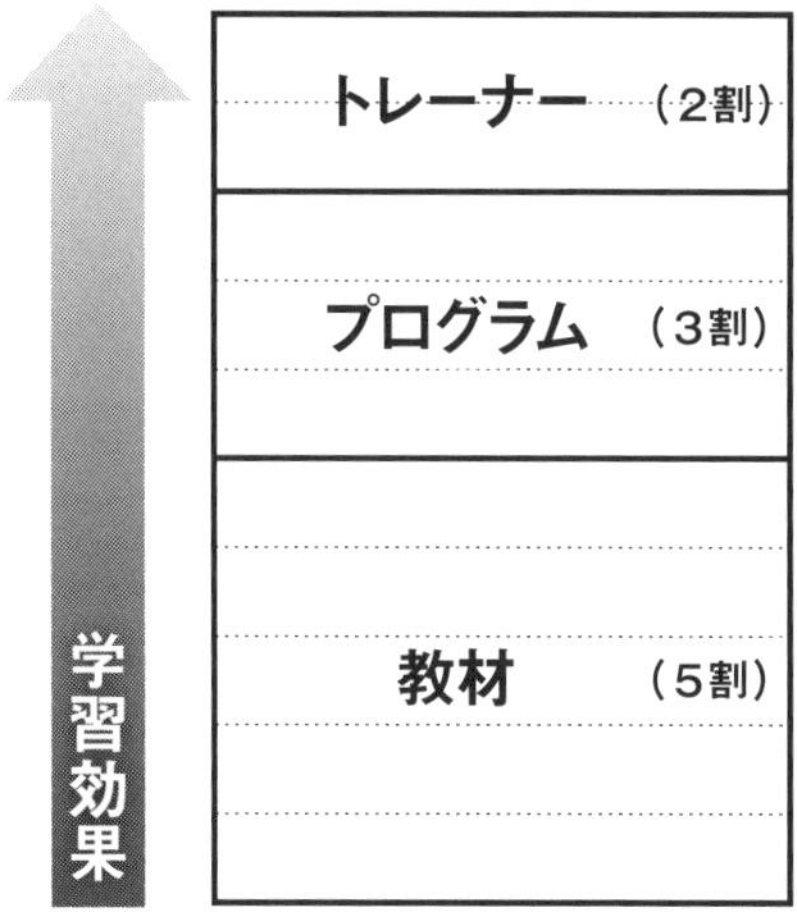

です。

つまりインバスケット教育は、教材が適したものであるだけで最大学習効果の半分は確保できると考えてよいのです。

逆に言えば、教材を使うだけでも半分の気づきがありますし、トレーナーがもし失敗しても2割しか影響を与えないと考えればよいでしょう。

3-4 インバスケットはケーススタディとは違う？

「じゃあ、教材ね」

みあが言うと、その問いに答えるかのように立花は言う。

「では、これまで社内で報告連絡相談が原因で起きたトラブルを集め、そのケースをまとめるのはどうでしょう」

みあはそれも有りだな、と感じた。

「いいわね。過去のケースとその対処をまとめれば解説になるわね」

「では、お客様相談室や総務から情報を集めます」

吉村は腕組みをしながら唸るように言った。

「それってケーススタディではないですかね」

みあはその発言にカチンときて、鋭く返す。

「ケーススタディよね、インバスケットって」

すると吉村は、まるで自分の手帳に書いてある文章を読むように言った。

「違います。それではインバスケットになりません。インバスケット問題にはケーススタディと根本的に違うところがいくつかあります」

解説

インバスケット教材作成の原則

インバスケット教材を作る際には3つの原則があります。

その前に、よくある間違いでケーススタディと混在して考える方が多いので、ここで一度違いを明確にしておきましょう。

ケーススタディとの違いは大きく3つあります。

1．実践性
2．ストーリー
3．答えがないこと

ケーススタディは、ある企業で起きたトラブルなど受講者とは異なる環境のものであり、受講者が同じ状況に陥ることがないものです。

インバスケットはその点、背景は違うものの、クレームや部下との軋轢などこれから遭遇するであろう実践的なケースです。

次に、ケーススタディはある事象についてだけですが、インバスケットはそれら複数が関連性を持ったストーリーになっています。

そして決定的なのが、ケーススタディにはある意味正解がありますが、インバスケットには正解が存在しません。

これらのことから、ケーススタディとインバスケットは異なるツールだと認識してください。

実際のインバスケット教材の作成には、設計書や評価項目の設定など複雑な工程がありますが、勉強会で使う程度の問題であれば皆さんでも作成可能です。

インバスケット教材の作成における原則は3つ。

1. 面白さ
2. 評価するべき行動が計測できること
3. リアリティ

面白さとは受講者がそのストーリーの主人公になりきるために必要な要素です。

陥りやすいのが、トラブルなどのストレスのかかる案件を詰め込みすぎて、受講者が途中でやる気をなくすケースです。

人は苦痛が苦手であり、限られた時間の中でしかめっ面になりそうなトラブルばかりの問題を渡されてもやる気が起こりません。

これでは受講者が主人公になりきることができず、模擬体験ができなくなります。

しかしストーリーがあれば、多少のストレスは乗り越え、時間を忘れてのめりこませることができます。

以下のいくつかのケースがあるとしましょう。

案件1．取引先からの大きなクレームのメール
案件2．上司が緊急重要会議中だが、来客があった
案件3．総務から提出書類の催促

これだけであれば何も面白くないですが、こう設定すればどうでしょう。

あなたは大抜擢で課長に昇格しました。みんなに期待されています。まだ着任日ではありませんが、たまたま1日早く研修が終わったので職場にきました。

上司に挨拶をしようとしましたが、会議中です。そこにこの3件の案件が発生しました。部下はあなたがどんな上司なのかと興味津々です。


という前触れがあれば、少しやってみようかな、と思われたのではないでしょうか？

さらに案件1と案件2を関連させれば、案件1のクレームの顧客が上司に会いに直接訪れた、となり、展開も変わります。

一つ一つは独立した案件ですが、全てがつながっており、あるストーリーとなっていることで、受講者はその物語の中に引き込まれるのです。

ですからストーリーは大事なのです。

次に、評価するべき行動が測定できる問題になっているのかという、テストの観点です。

面白ければそれでいいわけではなく、最終的に受講者に気づいてほしい行動が評価できる問題でなければなりません。

例えば、突然の事態で決断をしなければならない場面の行動を評価したいのであれば、その行動が起こりうるケースを作らなければなりません。

まさしく先ほどの、クレームがある顧客が突然来社したとなれば、何らかの判断をしなければなりませんし、経営者として経営計画を作るという行動であれば、それに必要な情報や資料が揃っていなければならないわけです。

ただ、答えを作ってはいけません。

判断力を評価するのであれば、10名の受講者の判断が半々くらいに分かれるように作ります。

誰もがその行動を必ず取るようなケースにしてしまうとテストにならないからです。

そのために当社では、問題を作るとモニタリングの工程を入れます。

これは問題作成者の意図通りの回答が得られるか、そしてさきほどの判断のばらつき具合をみてバランスを整えるためです。

問題を作ったら、皆さん以外の誰かに問題に挑戦してもらい、その回答を見て、表現や文字数、ストーリーの複雑さなどを加減してみてください。

大事なのは答えをもってケースを作るのではなく、あくまでその行動が取られやすいケースを設定することです。

最後は、リアリティです。

受講者に「ありえない」「素人っぽい」と思わせないことです。

例えば、ケーキ屋さんを舞台にインバスケット問題を作ったとしましょう。

その際に、ケーキ屋さんに取材し、業界で使われている用語や裏での作業、業界動向などについて細かに情報収集し、そして受講者が知らないその仕事の裏側や魅力などが入っている教材にしましょう。

また、キャラクター設定も細かく行い、あたかもその人やお店が実在するかのように作り上げていくことが必要です。

でないと、受講者がその主人公になりきれず、ひいてはインバスケットで測定したい行動が測定できないのです。

少しでも違和感を覚えると、時代劇でちらっと鉄塔が見えてしまったときのように、受講者は冷めてしまいます。

これら３つのポイントを大事にして問題を作ってみてください。

3-5 主人公は誰にする？

〝そうかあ。なかなか奥が深いなあ〟

みあはそんな教材が作れるのかと戸惑った。そこに立花が意を決したように言う。

「あの……それ、私に作らせていただけないですか？」

〝え、まじ？〟

と驚きつつ、みあは答える。

「そっか、確か立花さんは文学部出身ね。ストーリーが必要ならうってつけね。ね、吉村君」

「そうですね。適任だと思います」

吉村も賛成した。

立花は頬を赤らめながら言った。

「では、主人公は東京中央店のチーフでどうでしょう。私も経験しているのでリアルに描けると思います」

みあは身を乗りだしていった。

「いいわね。あのお店が舞台かあ。どんなストーリーになるのかしら」

吉村は冷めた調子で言った。

「その設定は難しいです。なぜなら当社の店は東京中央店のように駅前立地ばかりじゃないからです」

みあも〝確かにその通りだ〟と感じた。

「そうか、工場の人とか本社の人はこの設定だとピンとこないかもしれないわね……」

立花が言う。

「では工場バージョンと本社バージョンを作ればいいのではないでしょうか」

また吉村が一刀両断する。

「それじゃ無数の問題を作らなければならない。無理」

みあは〝待てよ〟と思い出した。

以前みあが受けたインバスケットは、ケーキのたまとは全く違う業界の役職になりきるものだった。

その時は、どうしてケーキ業界ではないのか？　と疑問を持ったが、そこにヒントがあありそうだと気づいた。

「いっそのこと、全く違った業界の設定の方がいいんじゃない？」

解説 舞台設定は未知設定

インバスケットでは架空の人物になりきることが重要です。

それは、受講者がよく知っている実在の設定だと、本人の行動が正確に測定できないのと、経験やテクニカルな手法が出てきてしまい、教育にならないからです。

先日、私の部下がインバスケット問題を作ったというので、チェックがてらやってみました。

その問題は、私の前職であるスーパーに業界が設定されていました。

するとノイズが入りました。

「(私のいた) ダイエーではありえない」

「こんな人をそもそも小売業に採用するのはおかしい」

このような業界の慣習や過去の体験、経験則が出てきてしまい、主人公になりきれませんでした。また、今いる、あるいはかつていた業界の問題をしていると新鮮さがなく、つまらなくなってしまいます。

実は過去に私も同じ業界の問題を研修で行ったことがあります。

するとワークもテクニカルな話ばかりになり、研修にならなかったのです。

もちろん、テクニカルな技術を教えるのであれば同業界でもいいのでしょうが、行動パターンや思考などを強化する教育であれば、思い切って全く違った業界のケースを使う方がいいでしょう。

問題中の主人公の役職設定も大事です。

例えば、受講者が係長なら課長の問題を、課長が受講者なら部長の問題をするのがいいでしょう。

それは、インバスケットは将来の自分が目指すポジションを模擬体験する意味合いもあるからです。大学生なら、社会人になった時の模擬体験をすることが気づきと学習につながります。

最後に、時間も大切です。

問題に取り組む時間は総教育時間の2割程度が理想です。

6時間行うのであれば60分に設定する問題でいいのですが、3時間の講習で60分も問題に費してしまうと、問題だけやった感があり、ワークなどの時間が確保できません。

ですから、20分から30分の問題が妥当です。

設定時間が短くなると問題文を読む時間も少なくなりますので、あまり文字や情報を詰め込まないようにすることが必要です。

長い時間の問題は作りやすく、短い時間の問題は作りにくいのが実際です。

問題の難易度は、時間当たりの案件数や文字数、情報の関連性、評価する行動によって異なりますので、受講者に合わせて作成することが求められます。

3-6 トレーナー不要のセルフ式

報連相インバスケットの設定は、ある商社の社員となった。ケーキのタマは小売業なので違った業界であり、また立花の弟が商社勤めということもあって作りやすかったのだ。

当初は1か月ほどでできると考えていたが、いざ作ろうとしたときに、ストーリーだけではなく、問題に取り組む時間をどうするか、どの案件をワークに選んで使うかなど様々な課題が出てきた。

しかし立花は、作っては修正するを繰り返してようやくプロトタイプの問題を作り上げた。

それはまさに、ずっしりと重みがあった。

立花は言いにくそうに言った。

「実は案件が40あります。ここから10に絞れなくて」

みあは立花の頑張りを見ているだけに「ああ……」という声しか出なかった。

吉村は間髪を入れず言った。

「それでは設計と異なるね。どのケースを使うかを考えるよりも何を評価したいか、から逆算するべきじゃないですか？」

みあはむっとして返す。

「ねえ吉村君、立花さんは頑張って作ったのよ。そんな言い方しなくても」

吉村はそれでも淡々と語る。

「今回のインバスケット学習は、報告連絡相談ができるかどうかを測定するものですよね。だから先に問題を作ってどれが使えるかを考えるのではなく、先に何を評価するかを決めて、それに合うケースをあてはめていく作り方をするべきです」

「そりゃそうだけど……」

みあは吉村の話を遮るように言った。

立花は一瞬考えこんでから言った。

「つまり、評価するべき項目を作ることが先と」

吉村は言った。

「さらにもう一つ提案があります。問題より先にチェックシートを作ってはどうでしょう。そのチェックシートが問題作成の土台になりますし、そのチェックシートを使えば自習などで講師なしでもインバスケット学習ができます」

みあも今までの考えを振り落とすかのように、頭を大きく振って言った。

「よし、それやってみよう」

解説

気づきを生むチェックリスト

インバスケット教材を作る際にストーリー性が大事だとお話ししましたが、もっと大事なことは「何を評価・測定するのか」ということです。

私たちはインバスケット問題を作る際に、直ぐに案件やストーリーを作りません。

まずは何を測定するのかを明確にすることから始めます。

例えば「判断力」を測定するにしても、測定するのに必要な行動があります。

具体的には、反対意見を強く主張する相手がいても自分の意思を毅然と伝えることができるのか、という行動を測定したいとします。

そうしたら、この行動が必要なシーンはどのようなシーンなのかを考え、それを案件にするわけです。

このように評価したい行動が決まって、その行動が必要になるシーンを設定し、それらのシーンをストーリーにしていく工程を取ります。

つまり評価項目が先に決まるわけですね。

評価項目が決まれば、チェックリストができます。このチェックリストは非常に貴重です。なぜなら、インバスケット問題とチェックリストがあれば、自習型の教育が可能になるからです。

この段階でよく聞かれる質問が、チェックリストよりも模範解答があればいいんじゃないか？　というものです。

再三申し上げているように、模範解答はインバスケット教育にとって無意味に等しいものです。

理由は、正解のあるものを教える教育であれば解答があればいいのですが、インバスケットで教える思考プロセスには解答がないからです。

ですのでこのチェックリストは「どのような行動（プロセス）を取ったか」をチェックする形式が主体になります。したがって、模範解答のようなものは使いません。

チェックリストは受講者に何を気づかせたいかによって作り方を変えます。

例えば、判断に至るまでにどのプロセスが足りなかったのかを気づかせるためには、次ページのようなチェックリストを使います。

また、具体的な行動が取れたかどうかを気づかせたい場合は、125ページのようなチェックリストを使います。

チェックリストを点数形式にするのはあまりお勧めしません。なぜなら、点数を高く取ることが目的になる可能性がありますし、インバスケットでプロセスを計測するのであれば全てにチェックがつくことはないからです。

インバスケット教育は、よい結果を導き出す方法に気づかせることが目的です。

そのことを考えてチェックリストを作り、インバスケット問題を作るようにしましょう。

案件名	判断・決定能力	代替案・創造性	補足指示	対人能力	問題把握・情報収集	報告・連絡・相談	指示へのフォロー	スケジュール化・他の案件との関連
残業時間推定報告	集計を指示	リーダーの指名	暫定的なものとして報告	挨拶	自部署の残業時間把握	関連部署へ報告	着任後報告	案件7との関連
	期日までに報告		部下に対応指示		正しく計上されていない可能性を把握	上司へ報告		案件15との関連
東京二輪社の要請	交渉継続指示	P-052で代用	すぐにP-051を確保指示	称賛				案件9との関連
	一任		値引きの方向性明確化					案件17との関連
水瀬からの相談	改善を約束		未払い賞金や経費明細の確認	挨拶	パワーハラスメントの疑い	上司へ報告	着任後報告	案件12との関連
	着任後面談			極秘対応	事実確認			案件15との関連
	現状報告指示			ねぎらい				資料4との関連
	船本へ一任			部下への指導				
エントリーソフトからの要求	事実確認		担当者から顛末を報告		架空請求の疑い			
	事実であれば支払う		関連部署へ相談		社内法規との整合性確認			
	期限までに対応							

※サンプルです。

コラム　チェックリストを使った簡単インバス勉強会

〔要るもの〕

・教材

・会議室

・ホワイトボード

〔やり方〕

まず受講者に問題を配り、実施してもらいます。

そのあとにチェックリストを配り、チェックをしてもらいます。

チェックをもとに各自発表してもらい、終わったら拍手をして、「今回気づいたことを皆さんで共有して下さい」と振り返りをしてもらいます。


20分の問題を使えば最短で60分で実施できます。

あくまでも、答えに導いたり、教えたりしないということがポイントです。

案件番号	発揮したい行動
案件①	□ 関係者に対して報告・連絡・相談をしている □ 直接あるいは電話で謝罪をする旨伝えている
案件②	□ 積極的に意見を出している
案件③	□ 時間や労力を頂いたことに対してお礼を伝えている □ 上司へ周囲の手伝いをすべきかどうか確認している
案件④	□ 組織の備品を私的に使用していない □ ルールを守る
案件⑤	□ 指示の内容の目的や意図を確認している
案件⑥	□ 悪いことを真っ先に述べている □ 必要な人へ情報を共有している
案件⑦	□ こまめに報告をしている
案件⑧	□ 事実と私見（自分の意見・考え）を混同させずに述べている
案件⑨	□ 真っ先に連絡を入れ、お詫びしている □ 詳細を伝えている
案件⑩	□ 仕事をスムーズに進めるため、あるいは目標達成のために根回し（事前準備）をしている
案件⑪	□ 自部署の責任者に確認をとり、許可を得ようとしている □ 組織の仕組みを理解している
案件⑫	□ 対応完了後、上司あるいは先輩へ報告している
案件⑬	□ 相手の意見を素直に受け入れている
案件⑭	□ 周囲の人に詳細（理由・目的・戻る予定時間など）を伝えている

※サンプルです。

3-7 報連相ができる状態を模索する

みあたちは、評価項目を作成してチェックリストを作り始めた。

「報連相ができない状態ってどんな状態なのかな？　改めて考えてみるとかなり深いわね」

みあの問いかけに立花が答える。

「そうですね。一言に〝報連相ができない〟と言っても様々なパターンがありますからね」

吉村はタブレットの画面をみあに向けた。

「その点は調査済みです。過去、店長にアンケートを依頼して集計したものです」

みあは集計結果を読みながら言った。

「なるほどね。まずは悪い報告ほど早くあげてほしい、か」

「どちらかというと当社は減点主義ですから、ミスはできるだけ隠したいということですかね」

と立花が言う。

みあは、風土も変えなきゃいけないと感じながら聞いた。

立花はさらに言った。

「論理的に報告をしてほしいという声も多いですね。先ほどの悪い報告をあげないのと似ていますが、言い訳から入るのは私もよくあります」

「なるほど。結論から先に……ね」

「報告に優先順位をつけるというリクエストも多いですね」

「ああ、どうしてそれを先に報告しないの？　ってやつね」

横から吉村も口を出した。

「このように報告連絡相談ができていないと言っても様々なパターンがあるんです。ですから受講者たちに、自分はどの失敗パターンなのかをわからせる必要があります」

みあの頭には神無の姿が浮かんでいた。

〝神無さんはどうかしら〟

「わかった。それでいいわ。チェック項目を作ってから問題を作りましょう。ポイントはどうやって彼女にそれを気づかせるかね」

立花が聞き直す。

「彼女……ですか」

みあはあわてて取り消した。

「あ、違う、違う。みんなにだ」

立花は口を押さえたが、指の間から笑い声が漏れた。

解説

コンピテンシーを抽出する

インバスケットが評価する対象は「行動」です。

何をもって評価するかと言うと「コンピテンシー」です。コンピテンシーとは成果を上げられる人たちが取っている行動のことです。

マネジメント職のコンピテンシーは、

「問題の本質や課題を的確に捉えることができる」

「意見が異なっても相手に毅然と自分の意思を伝えることができる」

などの行動を指します。

当社では、管理職のコンピテンシーは66ほど設定し、それが回答に含まれているかを評価しています。

マネジメント層のコンピテンシーは古くから研究されていますので、改めて設定をする必要はそれほどありません。

一方で、新しくコンピテンシーを設定する場合は、裏付けが必要になります。

裏付けの方法で一番簡単なのは、その組織や団体で優秀と評価されている人の行動を洗い出すことです。

例えばある企業の営業職向けのインバスケット問題を作ろうとしたときには、その企業のトップセールス数名の行動を分析し、複数名に共通している行動を設定すればいいのです。

この「複数名に共通している」というのが重要です。

なぜ複数なのかというと、一人だけだとその人独自の技法や、資質による部分が多く、ほかの人には取れない行動である可能性があるからです。

「満面の笑みでその場を和ます」

このようなコンピテンシーは、その人のキャラクターにもよりますし、性格にもよるかもしれません。

ですから、複数の人の行動であることが大前提です。

コンピテンシーの洗い出しで、

「顧客をリスト化してアプローチする順番をつけている」

という行動が評価されたら、その行動が取られるであろう状況を案件として設定するのが、インバスケット問題の作り方です。

ただし、ほとんどの人がその案件の状況において求められる行動が取れるような設定よりも、むしろ、2~3割程度の人が取れるような状況を作ることが、教育効果を上げるポイントです。

例えば「期限が迫っている重要なことを決断できる」というコンピテンシーがあったとします。この行動が必要になる案件を問題にしたときに、全ての人が決断しやすい設定にしてしまうと、「私はできる」という自信を与えることはできても、「できていないかも」という気づきにはつながりにくくなります。

当社の教材は、多くのモニターの方に問題を解いていただき、その結果を参考に作成しています。

そこまではできないとしても、必ず数名の方に試しにやっていただき、調整したうえで教育に使うようにしてください。

インバスケット教育で大事なのは、これらのコンピテンシーを「できているつもり」から「できていない」と気づかせることです。

私自身も、リーダーとして仕事に自信を持っていましたので、ろくに本も読んでこなかったのですが、インバスケットは、「思っているより私はできていない」ということを教えてくれました。

そのおかげで、リーダーとして基本を勉強し直す機会を得られたわけです。

3-8 詰め込みすぎのプログラム

みあは完成した問題を見ながら言った。

「第6作目でようやく完成ね」

かなり簡素化したので重量は以前より軽いが、詰め込まれた思いの分、こちらの方が重く感じた。

「はい。こんなに手間取るとは思いませんでした」

立花も感慨深げに言う。

「でも、いい教材ができたわ、よくやったわね」

吉村が冷静に言った。

「次はプログラムですね。当初は1日研修の計画でしたが、反対派からの抵抗で3時間30分しか確保できていません」

みあは腕組みをしながら言った。

「まあ、3時間30分も取れれば御の字よ。最初あの人たちは30分もやらせない態度だったからね」

「それほど体験型の教育が嫌なのでしょう。ともかく原案を作りました」

立花はプログラム案をみあに手渡す。


「これならいけそうね」

みあが吉村に視線を送るが、吉村は眉間にしわを寄せる。

「いえ。これは失敗しますね」

立花が突っかかる。

「どうしてですか？　何が問題なんですか」

「理由は2つです。まずプログラムに全く余裕がない。それにワークの時間もかなり短い」

「だって仕方がないじゃないですか。本当は1日でやる内容を3時間30分でやるのですから」

「だからと言ってそれを無理に凝縮すれば、失敗することは目に見えている」

「じゃあどうすればいいんですか」

時間	所要時間	セクション	内容
開始より	10	イントロ	研修の目的　自己紹介
10分から	5	説明	インバスケットの説明 私見の説明
15分から	30	インバスケット	30分試験
45分から	5	グループ討議	試験の感想共有
50分から	15	グループワーク	案件の処理(ワーク10分 ワークの進め方説明5分)
65分から	5	フィードバック	
70分から	15	グループワーク	案件の処理(ワーク10分 ワークの進め方説明5分)
85分から	5	フィードバック	
90分から	10	休憩	
100分から	15	グループワーク	案件の処理(ワーク10分 ワークの進め方説明5分)
115分から	5	フィードバック	
120分から	15	グループワーク	案件の処理(ワーク10分 ワークの進め方説明5分)
135分から	5	フィードバック	
140分から	15	グループワーク	案件の処理(ワーク10分 ワークの進め方説明5分)
155分から	5	フィードバック	
160分から	15	解説	残りの案件の解説
175分から	5	自己チェック	チェックリストで各自チェックし、 職場で実践する行動を決める
180分から	10	グループ討議	気づきの共有
190分から	5	グループ発表	
195分から	5	講師講評	本日のおさらいと講評を伝える
200分から	5	連絡事項	事務局よりの連絡
205分		終了	(5分は予備時間)

吉村は答えた。

「やるべきことの取捨選択。それしかありません」

解説 パーツの優先順位をつけてを組む

インバスケットを使った研修を実施する際に、プログラムを作ります。

この学習に決まった進め方はありません。

ただ学習効果を上げるためには次に挙げる5つのパーツが必要になり、それをどのように組みあわせるかを考えていきます。

・インバスケットの説明

まずインバスケットの説明のセクションです。

これは教育の目的の確認、そしてインバスケットの理解を進めるセクションです。

もちろん講師の自己紹介や受講者同士の自己紹介タイムを入れてもいいでしょう。

・インバスケットテスト

次にインバスケットテストです。
ここでは受講者にインバスケットを受講してもらいます。

・ワーク

そしてワークです。
テストから得られた回答をもとにグループで討議し、アウトプットを出させます。

・フィードバック

ワークの結果のフィードバックと、改善に必要な知識をインプットします。

・自己チェック

最後は自己チェックです。
研修の振り返りもかねて、ここで明日からやるべきことを決めてもらいます。

これらのパーツをフルで実施する場合はおおよそ7時間ほど必要になります。
それでは3時間30分でインバスケット勉強会を開くにはどうするべきでしょうか？
答えは「優先順位」をつけることです。

優先順位	
インバスケットの説明	5
インバスケットテスト	3
ワーク	1
フィードバック	2
自己チェック	4

理想は5つのパーツを全て実施することですが、限られた時間の中では、パーツに優先順位をつけます。

優先順位をつける基準は「受講者が集まってやるべきことかどうか」です。

ワークを1番にしているのは、メンバーが集まらないとできないからです。

そしてフィードバックも、ワークの結果をもとに行いますので順位が高くなります。

次にテストですが、これは個別でも実施可能ですが、どうしても制限時間より長くやる人がいたり、参考書を見て答える人がいたりします。

テストを実施するときには、全員が同じ環境（時間や場所）でないと、そのあとのワークで回答を比較するなどの際に、効果が薄くなってしまうのです。

ですから3時間30分であれば、まずワークにどれくらい時間を取るのかを先に考え、しっかりと確保したいものです。その代わり、インバスケットの説明は事前に行うだとか、自己チェックは後日復習の意味でさせるなどするとよいでしょう。

3-9　知らない人と知っている人

立花は、自分の作ったプログラムをじっと見ている。

そして、いきなりノートパソコンを開くと、キーボードを打ち出した。

「これでどうですか」

立花はどうにでもなれとばかりにみあと吉村に画面を見せた。

みあはシンプルになったな、という感想を持ったが、吉村の表情はそれほど変わらない。

「少しシンプルになった。これでいい。70％完成だね」

吉村の言った70％という数字に、立花は何かひっかかった様子で聞いた。

「70％ってどういうことですか」

時間	所要時間	セクション	内容
開始より	20	イントロ	研修の目的　自己紹介 インバスケットの説明
20分から	40	テスト	試験の説明（10分） テストの実施（30分）
60分から	5	グループ討議	試験の感想共有
65分から	25	グループワーク	案件の処理（ワーク20分 ワークの進め方説明5分）
90分から	15	フィードバック	発表とフィードバック
105分から	10	休憩	
115分から	20	グループワーク	案件の処理（ワーク20分）
135分から	15	フィードバック	発表とフィードバック
150分から	20	グループワーク	報告の優先順位をつける
170分から	15	フィードバック	発表とフィードバック
185分から	20	質疑応答	質疑応答と行動変革レポート作成
205分		終了	（5分は予備時間）

「僕が言っている70％というのは、このプログラムを2パターン作る必要があるということだよ」

立花は少し黙って、吉村に聞き直す。

「じゃあ、報告連絡相談を知らない人にはどんな教え方をしたらいいの？」

解説

事前学習型と事後学習型

インバスケット教育のプログラムを作る際には、インバスケット教育を受ける側が、その教育内容をすでに理解しているか、それとも全く知らないかという属性で分けます。

では具体的に、それぞれの研修プログラムの組み方をご紹介しましょう。

まずは、事前学習型プログラムです。

事前学習型は、インバスケットで評価したい能力や行動をあらかじめ座学形式で教え、そのうえで身についた知識やスキルが使えるかをインバスケットで測るものです。

わかりやすく言えば、教えたことが実際に使えるかを見ていく形式です。

事前学習型プログラム

**事前に必要な知識、スキルを教え、
それが使えるか試す方式**

このプログラムは新入社員やマネジメントを全く知らない人などによく使われます。

なぜなら、知識がないのにいきなりインバスケットでできないことを指摘されたとしたら、皆さんが受講者だったらどう感じますか？

きっと、教えられていないからできなくて当然だ、と感じるでしょう。

ですから、インバスケットで測定したい項目はあらかじめインプットさせたうえで学習効果を測定し、できない部分を反復学習させるのが効果的なのです。

もう一つは、事後学習型プログラムです。

このプログラムは、インバスケット研修で測定したい能力や知識をある程度有する受講者に用いられるプログラムです。

例えば、ビジネススキルを試すインバスケット学習であ

事後学習型プログラム

先にインバスケット試験を行い、その後、回答を自己チェックしながら学んでいく

れば、すでにある程度現場を経験してきている人に適しています。

それは「自分はできている」と感じている受講者にインプット学習を行ってもあまり効果が見込めないのに対して、インバスケットによって「できていると思っていたができていなかった」と気づかせることで、そのあとのインプットを吸収しやすくする効果があるからです。まずインバスケットを実施し、できていない部分をフィードバックや座学形式で補完するこのプログラム形態は、当社が行っているプログラムの8割以上を占めるものです。

両方のプログラムを、受講者の特性によって使い分けて行います。

事前学習型プログラムのメリットは、均一な教育ができることです。

全員に対して教育を行い、その効果測定を行うことで教育レベルの画一化と習得度の安定が見込めます。

一方で、1章でお話しした大人が興味をもって学習する仕掛けが発揮されなくなります。

その中でも「必要性」を感じさせるためには、例え事前学習型プログラムでも、「覚えた」「できなかった」「再学習」の反復教育を入れなければなりません。

3-10 インバスケット教育開始

吉村は「それはですね」と前置きして言った。

「特に変える必要はありません。当社ですでに行っている報告連絡相談研修を前にくっつければいいでしょう」

立花は少しホッとした表情で言った。

「じゃあ、午前にインプット研修を入れて、そのあとインバスケット研修をつなげればいいですね」

吉村は小さくうなずいた。

カリキュラム案が完成し、実施日も決まった。

みあは仁義を通す意味で、西野沢に研修の実施内容を伝えたが、西野沢は全く関心を示さないままつぶやいた。

「こんなもの私は全くあずかり知らぬことで、どんな結果になっても責任など取りません。そこはご理解いただいていますか？」

みあは毅然と言った。

「ええ、それで結構です」

「まあ、見ものですな。部長の責任問題にならなければいいですな」

西野沢は面白くなさそうな顔をしてその場を離れた。


研修の前日、みあは1時間ごとに目が覚めてしまい、眠った気がしなかったが、いつものようにジョギングしてから研修センターに向かった。

研修会場につくと、吉村と立花の二人はすでに研修室で準備をしていた。

「おはようございます。部長」

立花は折り目正しくお辞儀をした。

「おはよう。眠れた？」

「いえ、ドキドキして眠れませんでした」

机を動かしながら吉村は言った。

「あなたより部長の方が緊張しているはずだろう」

「そうですよね」

立花は頬を赤らめて言った。

その時、研修室後方のドアが開き、誰かが入ってきた。

西野沢とその取り巻き5名ほどだ。

「失礼しますよ。そのインバスケット学習とやらを見させていただこうかと」

吉村がつかつかと西野沢に近寄り、珍しく強い口調で言った。

「ちょっと困りますよ、事前に連絡もなく」

西野沢も一歩進み出ると、見下ろすように言った。

「君たちがやったように、私も今日の見学は社長にご承諾いただいている」

西野沢の反論に吉村は黙り、みあを見た。

みあは頭越しに社長に直談判した西野沢の不誠実さに怒りが込み上げてきたが、自分も同じことをしていた後ろめたさから怒りを飲み込んで言った。

「西野沢さん、見学いただくのは結構ですが、その人数だと受講者も気が散ります。せめて2名だけにしてもらえますか」

西野沢は即答した。

「そりゃその通り。じゃあ私だけが見ることとしましょう。青山部長ご安心ください。

うまくいかなくなったら私どもプロがいつでも代わりにやりますから」

「そうならないように頑張ります」

みあは、無理に笑顔を作って言ったが、西野沢が今まで大人しくしていた理由がわかった。当日に粗を探して、最後は自分たちの手柄にするつもりなのだろう。


「報連相インバスケット研修」と名付けられたこの研修は、時間が朝9時から12時30分の3時間30分。受講者は18名でスタートする。

この研修に参加しているのは、入社3年目までの若手社員ばかりだ。その中には東京中央店の神無も含まれている。

研修開始3分前に神無が着席し、全員が揃った。


会場はスクール形式ではなく、研修室のデスクを4つの島に分けたグループ形式で配置され、1グループ4名から6名の編成になっている。

多くのメンバーが初顔合わせらしく、少しよそよそしい。

「では報告連絡相談研修を開催します」

みあは受講者を前にこう言った。

〝とうとう始まったわ〟

吉村と立花は受講者から目立たないように、部屋の後方に座っている。

そこから椅子を5席分ほど離し、西野沢が足を組んで座っている。

その手に持たれたペンは、早くも何かを書き込んでいる。


みあは慣れた様子で自己紹介してから言った。

「では、今日は報告連絡相談を学びましょうね」

すると一番前列に座っている神無が、スマホを机の下で触りだした。

〝一番前でスマホ触らないでよ〟

一瞬たじろいだが、一息吸い込んで笑顔を作った。

「神無さん、今日は大事なことを勉強するのでスマホはしまいましょう」

神無は全く怖気付くことなく言った。

「……別に大事じゃないですけど」

みあの笑顔が崩れる。

「大事じゃないって……報告連絡相談って基本でしょ」

「だって私、できていますから」

神無がそう言い切ると、〝ねえ〟と受講者の数名も相槌を打ち出した。

〝教える前に教えなきゃならないことがあった。そもそもなぜ学ぶのかということから始まるのね〟

「なるほど」

さてどうしようかとみあは考えた。

解説

導入で「学ぶ必要性」を知らせる

インバスケットには、「導入」というセクションがあります。

これは突然教育を始めても、そもそも学ぶ必要性を感じていない受講者がいた場合、教育効果がないばかりか、そのほかの受講者に対しても学習意欲の低下を引き起こす可能性があるからです。

そこで、学びに興味と必要性を持たせるセクションが必要になります。

子供でも大人でも、興味がないものを学ばせられるのは苦痛です。

そのため、さまざまな方法で興味を持たせる術を使います。

「術」と書いたのは、学ぶ必要性を感じるボタンは全員が共通して同じ場所にあるわけではなく、いろんな角度でアプローチすることで導入が成功するからです。

導入のセクションは、

1．目的の共有
2．自己紹介（講師・受講者）
3．研修の流れの説明
4．インバスケットの説明

の大きく4つです。

1．目的の共有

これは、今回の教育のゴールとその背景を伝え、共有するということです。

例えば、優先順位設定力をつけるためのインバスケット研修であれば、研修終了後に「仕事に優先順位をつけて取捨選択できるようになる」など、研修終了後の受講者に求めるゴールを具体的に示します。

あまりに簡素化すると「当たり前じゃん」と受講者がそっぽを向くので、「今まで抱えていた仕事が10個あったとしたら、それが8個になればいいです」とわかりやすく言う術もあります。

そしてその背景を伝えるのですが、これは受講者にとってのメリットにつながるように伝えるのが効果的です。

「会社として残業時間を減らすために……」

と言いたいところを、

「皆さんがいつもより1時間早く帰れるように」

と表現した方が、受講者は学ぼうとします。

このように、受講者のメリットを強調するとやる気が出るわけです。

2. 自己紹介

インバスケットを絡ませた自己紹介をしましょう。

多くの場合、講師は自分の経歴や強みを強調しがちですが、インバスケット学習をするうえでは、受講者にインバスケットの先生と見てもらう方がやりやすくなります。

なので、自分がインバスケットでできなかった部分を思い切って話してみてください。

失敗談を語るのに抵抗がある人も多いのですが、受講者からすると、成功談ばかり話されるとうんざりするものです。

そのうえで、がんばって克服したら○○ができるようになった、と伝えれば、受講者はあなたに自分を重ねてやる気を出してくれます。

3. 研修の流れの説明

その日の研修の流れを説明します。

細かい部分まではいいのですが、大枠を伝えることで受講者の不安を解消できますし、全体の流れを知ると受講者がワークなどのセクションの意味を理解できるからです。

4．インバスケットの説明

インバスケットとは何かを説明します。

私はインバスケットを説明するときにストーリーで話します。まずインバスケットの意味を話し、歴史を話します。特にアメリカ空軍で活用が始まったと伝えると、受講者の興味をくすぐることができます。

わが国では企業の幹部クラスなどのエリートに使われている教育ツールだとお話しすると、さらにやる気を出してくれます。

そして、インバスケット学習をすることによってどんなメリットがあるのかを伝えられればほぼ完璧です。

この部分に関しては拙著『究極の判断力を身につける インバスケット思考』(WAVE出版)などに記載していますので参考にしてください。

つまり導入は「必要性」を作り出すセクションなのです。

この「必要性」は成人教育に必須であり、成人に対して必要性を感じさせる際にはプラス面とマイナス面を伝えることが必要になります。

これをうまく使えると「うまくできるようになる」とか「こんな失敗をする恐れがある」というようにいろいろな角度からアプローチができるのです。

3-11 回答の書き方がわかりません

みあは態勢を整えるように、机に両手を突いて言った。

「わかりました。皆さんは報告連絡相談ができているということですね。今日の研修は、『できている』と思っていることが、『本当にできているのか』を確認する研修です。私もそうですが、『できている』と思っている部分が案外『できていない』ということがよくあるんです。皆さんもそんなことありませんか。神無さんはどうですか」

当てられた神無はまた毅然と答えた。

「どうでしょう。というか先生は私ができていないと思ってらっしゃるようですが、それは誤解です。うちの店長は変わり者で、きちんと報告連絡相談しているのに全く伝わらないんです」

そう神無が言うと教室が笑いで沸いた。

「わかりました。ではこの研修で「やっぱりできている」という確認をすればいいでしょう。そのためには、今からやるインバスケット研修でその実力を見せてちょうだい」

みあが静かにそう言うと、神無はスマホをカバンに収めた。

みあはまず、各グループ内で自己紹介をさせた。

受講者同士の心の壁を溶かすためだ。

そして今日の研修の流れとインバスケットについてを簡単に説明し、さっそくインバスケットテストに入った。

立花と吉村が手際よく問題を受講者に配る。

「回答の書き方は、誰かに実際に伝えるような形式で書いてみてください」

そう言うと、後部の方から手が挙がった。

「はい。後藤さん」

「あの……何文字くらいで表現したらいいのでしょうか」

想定外の質問だった。

「え?」

「文字数です。あと、口語体なのか書き言葉なのかとかも教えてください」

「あ、大丈夫よ、皆さんが思った通りに書いてもらえれば結構です」

みあの答えに、別の受講者からも手が挙がった。

「できたら、フォーマットがある方が書きやすいです。白紙では書けません」

さらに横の受講者も言った。

「選択式になっている方が簡単です」

みあは迷った。ある程度書き方を示した方がいいのか？　ホワイトボードに回答例を書けばスムーズに回答できるのか？　でも、それではインバスケットにならないのではないか？

〝よし〟と心の中でつぶやくと、毅然と言い切った。

「回答の書き方は皆さんにお任せします。ただ、メールやメモで伝えるように書いてください。あとは自由です」

解説

回答はその人の行動の鏡

インバスケットでは自由回答が基本です。

なぜなら、回答形式を細かく設定すると、その受講者の回答ではなくなるからです。

例えば、模範解答例を見せてしまうと、多くの受講者がそれを参考に回答を記入するようになります。

インバスケットは、その人の行動や意思決定のプロセスを模擬体験してあぶりだすものですから、模範解答をまねて書かれると、その人自身が取る行動ではなくなってしまいます。

そうなると、その回答から生まれる気づきが少なくなるのです。

つまり、受講者の日常の行動による回答が欲しいわけです。

一方で、縛りを設けたり、フォーマットを作ったりすることのメリットもあります。

受講者のストレスを少なくすることです。

組織に属していると、決められた書式通りに書類を作ったり、フォーマットがあってそこに書き込む習慣がついたりしています。

それが白紙を渡されて思ったことを自由に書き込むようにと指示されると、躊躇したりストレスを感じたりする人もいます。

ですから、書き方に関しては大枠で説明します。

大枠とは例えば「普段メールやチャットで相手に返すような形式で」などのレベルです。

これを伝えても、「基本は自由に書いてください」と付け加えます。大切なのは、普段の職場や現場でのその人の行動を鏡のように映し出すことなのです。

回答で注意するべきポイントがもう一つあります。それは同じ環境、同じ条件で受講するということです。

なぜなら、3－8で触れたように、受講後にワークや討議をする際に、受講者それぞれの回答を比較してその違いを検証する工程があるからです。

それぞれが違った環境や条件で出された回答では比較対象できません。

例えば、ある受講者の自宅で30分かけて書いた回答と、別の受講者の通勤途中に40分かけて書いた回答を比較しても、同じ環境や条件でないので比較対象になりにくいわけです。

ですから、問題を受講者に実施してもらう際には、全員が同じ場所、同じ時間で行うことが理想です。

ネットを使ってオンラインで行う場合でも、最低限タイムキーパーを決めたり、タイマーなどを使うようにしましょう。

3-12 盛り上がるグループと盛り上がらないグループ

受講者の一部は戸惑い気味だったが、それでも納得してテストの準備に入った。

「では開始」

みあがテスト開始を宣言すると、全員が真剣に問題を読みだした。

先ほどの和やかな笑い声の雰囲気が一気に引き締まる。

みあはこの時間に質問が集中すると思ったが、その予想は外れたようだ。

テスト中に質問はほとんど出ない。もちろん、質問が出ても内容には一切答えないという方向はあらかじめ決めている。

〝どんな回答を書いているのかしら〟

そっと受講者の後ろから眺める。

〝書いてる、書いてる、書けているじゃない〟

教室の後部に目をやると、吉村と立花もほっとしているようだ。

みあはグーサインを送る。

二人がにこっと笑う。

その横の西野沢は苦虫を噛み潰したような顔で、視線をそらした。

(※受講者がここで取り組んだ問題は巻末付録として267ページから掲載しています)


「終了5分前です」

受講者の顔が真剣さを増す。

「はい、終了」

みあがタイマーのアラームと共に声を出した。

それと同時に会場がどよめいた。ため息や深呼吸をする受講者もいた。

「難しい」

「できなかった……」

受講者同士で回答を見せ合っている。

「はい、では今からグループごとにこの問題に挑戦した感想を共有してください。時間は5分です。お願いします」

みあが促すと、一斉に感想を共有し合っている。

みあはAグループの神無に注目していた。

神無は素直に感想を言っていた。

「思ったよりできなかったというのが率直な感想です。何がどうなっているかを把握するので精一杯でした」

そう言うと、隣の席の受講者もうなずきながら言った。

「そうそう、何がどうなっているかわからないまま時間だけが過ぎていった」

このような会話を、みあは心地よく聞いていた。

〝よしよし、いい感じね〟。そう感じたみあが講習室後方に移動すると、動きのないグループがあった。

Dグループだった。

活発に意見交換する2名とそれを黙って聞く3名、そして1名は退屈そうにスマホを操作し始めたのだ。

〝あれ？　ほかのグループは活発なのにどうしてこのグループだけ？〟

みあは首をかしげた。

解説 グループ構成の技術

インバスケット学習をするうえでは、ワークは欠かせないとお伝えしました。

その際にワークが円滑に、効果的に進むようにワーク編成の黄金律をお伝えしましょう。

1. 人数は4名が基本、端数は5名で

2. 異質な組み合わせがよい

3. パワーバランスを考える

1. 人数は4名が基本、端数は5名で

ワークの最適人数は4名です。

ただ、割り切れない場合は5名のグループを作ります。3名や6名のグループはワークに向いていません。

3名だと、受講者本人以外のメンバーは2名です。

つまりその2名との考え方や判断のプロセスなどを比較しなくてはならないのですが、比較する数が少なすぎるのです。例えば「優先順位設定」を比較したときに、メンバーの2名が同じ案件を選んでいた場合、実質比較する対象は1つになってしまいます。

そのような理由から、受講者以外のメンバーは2名以上欲しいのです。

では多ければいいのかと言うと、そうではありません。

例えば6名だとどうなるのかを経験値からお話しします。

まず、ワークに参加しないメンバーが出てきます。

一部の積極的なメンバーと傍観気味のメンバーで構成されることになるのです。

また6名のグループだと、それぞれが発言したワークをまとめるのに時間がかかり、お互いの考え方を学び合うよりも、相手の考えを否定してもめる結果になりますので、避けた方がいいでしょう。

2. 異質な組み合わせがよい

次はグループのメンバーの特性です。

グループを組むときの原則は「同質ではなく異質」です。

例えば同じ会社内で行うときは、あえて部署をまたいだグループを作ります。経理担当や営業担当、品質管理担当、製造担当などという風にです。

これは同じ部署の人が多いと、ワークの中で比較的似通った意見や考え方ばかりになり、学習効果が生まれにくいからです。

男女も混合がいいでしょう。

年齢も可能な限りばらばらがいいと思います。

3. パワーバランスを考える

異質な組み合わせがいいとお伝えしましたが、パワーバランスは考えなければなりません。パワーとは「立場の力」です。

例えば、同じグループに上司とその部下を入れてしまうと、多くの場合、部下が委縮して上司が主導権を持つことになってしまいます。そうなると意見交換やワークで役職パワーを持っている人が主体になり、メンバー全体の気づきが少なくなるのです。

どうしても人数の関係で階層差が生じる場合には、ワークに階層は関係ないとルールを設定しておいた方がいいでしょう。

一方で、あえて職層を混ぜてグループを組む場合もあります。それは階層間の考え方のギャップを学ぶなどの場合です。

同じケースについて、異なる職層ではどのように考えて処理するのかなどを学び、上司がどのように考え、部下がどのように考えるのかを知る目的などには有効です。

3-13 ワークの「TTO」ってなに？

みあは気づいた。他のグループは4名なのに、ここのグループだけ6名だ。

そこでDグループに近寄り、頭を下げながら言った。

「ごめんね。他のグループに1人移動してもらってもいいかな」

これで6名のグループは5名のグループになり、4・4・4・6から4・4・5・5になった。

人数を減らしたことで発言がしやすくなったのか、今まで発言しなかった受講者も発言を始めた。


意見交換はフリーだったが、グループごとに会話内容は様々だった。

みあは意見交換が終わったのを確認して投げかけた。

「どんな感想が多かったかな？　Aグループどうですか」

するとAグループの神無が発言する。

「悔しいという意見が多かったです。私も今見直すとできなかったところがあったと思います。もっと時間が欲しいという意見も多かったです」

「ありがとうございます」

このようなヒアリングを入れながら、みあは次のセクションに入った。

〝うん、今のところ予定通りね〟

みあは時計を見ながら心の中でつぶやいた。


そのあと他のグループにも同じ質問を投げて、教室が少し温まってきたような気がした。みあ自身もテンポが摑めてきて、弾むように言った。

「では、次はグループワークに入ります。案件1に関して、どのような報告連絡相談をすればよいのかを討議して、具体的に上長にどのようなメールを送るのかをホワイトボードに書いてください」

受講者たちはみあの説明にうなずき、ワークが始まった。

Aグループは神無がリーダーになり、役割を割り振っている。

〝へえ、あの子、リーダーシップがあるんだ〟

Bグループにもリーダー格が現れた。

空沢優《ゆう》という入社2年目の男性だ。優という名前の通り、優しく温かい雰囲気が出ている。

神無とは対照的に「どうしたらいいでしょうね」という投げかけでグループを動かしている。

Cグループはリーダーレスだが、どうやら周囲からハカセと呼ばれている男性が、ホワイトボードに書き込みながらアウトプットを出している。白いトレンチコートとあごひげ、度の強い眼鏡という風体からそのあだ名がついているようだ。

ハカセはすらすらとホワイトボードに書き込んでいる。

「主人公のやるべきことを整理するとこうなる」

というテーマの下に「・現在の状況　・今後の展開……」と書かれている。

〝Cグループは変わった発表になりそうね〟


気がかりなのはDグループだ。

このグループのホワイトボードには何も書かれる様子がない。

各メンバーの考えの共有だけが進められており、このペースでいくとホワイトボードにアウトプットができない可能性がある。

〝どうしよう〟

みあは「時間ないよ」と言おうとしたが、口から出る寸前で止めた。できるだけ口を出さないという原則があったからだ。

〝ぐっと我慢ね〟

頭の中でそう繰り返して時計を見ていた。

解説 ワークの成功は「ＴＴＯ」

ワークはインバスケット学習において最も効果的な工程です。だからこそワークの設定は科学的に行うことが必要です。

インバスケットのワークを成功させる要素はＴＴＯです。

まず**「Ｔ：テーマ」**です。

ワークには「テーマ」を設定します。

これがないと、ただの受講者同士の意見交換会、悪くすれば雑談会になってしまいます。

ですから受講者には目標を設定することが必要なわけです。

もちろんテーマの背景には「学習目標」が必要になります。

つまり何を学ばせたい、もしくは何に気づかせたいのかを検討し、それを達成するにはどのようなアウトプットが必要か、というプロセスが必要になるのです。

次は**「Ｔ：時間」**です。

ワークの時間設定は20分から30分が妥当です。

これ以上短いと十分に討議が進まないままワークが終了したり、逆に長いと、中だるみしたり集中力がかけたりする進め方になってしまいます。

設定時間は求めるアウトプットにもよりますが、努力しないとアウトプットができない、くらいの時間にするのが望ましいでしょう。それは、限られた時間の中で結果を出すことをワークを通じて学ばせることができるという効果もあるからです。

そして最後に**「O：アウトプット」**です。

インバスケットのワークでよくある失敗が、教育する側が明確なアウトプットを指示していないせいでワークが進まなかったとか、内容の質がグループによって異なっている、というようなことです。

次ページの図は、私が研修で使っている、アウトプットを指示する際のイメージの例です。

口頭で伝えるだけでなく、こうしたイメージを作ってあげると、アウトプットのイメージが受講者に伝わりやすくなります。

求めるアウトプットのイメージは、がちがちにフレームを固めるのではなく、ふんわりとしたものの方がいいでしょう。

なぜなら、フレームを固めると、受講者のワークの討議内容がかなり限定されるからです。

グループワーク

案件●●

To：山田課長
Cc：佐々木さん

至急、竹岡物産に連絡を取り、
発送の手配をとってください。
もし取れなかったら……

To：西尾係長

在庫の確認お願いします。
よろしくお願いします……

例えば今回の報連相インバスケットでは、「メールで相手や周りに伝えるようなイメージ」程度がいいでしょう。
これを、メールは必ず2通出し、CCには……と伝えると、受講者はそれに従うことになり、意見交換する範囲が狭くなるのです。

これら3つの要素を頭に入れてワークを進めていきます。
あと、教育する側が陥りやすいのが、ワーク中に口出しをすることです。
「そろそろホワイトボードに書き込まないと間に合わないよ」
気持ちはわかりますが、我慢しましょう。
なぜなら、ワークの進め方も含めてその人の仕事の進め方だからです。
例えば、時間切れでアウトプットが出せな

かった場合は、計画不足だったりタイムキーパーの役割をする人がグループにいなかったりなど、なぜそうなってしまったかという部分を指摘して振り返らせるなどして気づきに変えることができます。

3-14 グループ発表は我慢の時間

みあは研修室の前方に戻り、部屋の隅まで聞こえる声で言った。

「はい、終了です」

「では発表をお願いします。Aグループからね」

そして各グループの代表が発表を始めた。

Aグループの代表者は神無だ。

「Aグループです。ラクレンの丸岡部長に承知したという旨の連絡をします」

そして内容を読み上げた。

「ポイントは、取引先の状況はやむを得ない事情なので、そこは承認せざるをえないという結論です」

教室内が少しざわっとしたが、みあは何も言わずに拍手をした。それにつられて会場の全員も拍手をした。

Bグループの代表者は空沢ではなく大山だ。

「Bグループでは、案件4から自分のミスで会議時間を間違って案内していたこと、そして案件5から上司2人のスケジュール変更が難しそうなことから、上司である課長に判断を仰ぐという行動をします」

みあは拍手をしたが、Aグループの神無は首をかしげて拍手をしていない。何やら不満がありそうだ、とみあは感じた。

Cグループはハカセがぬっと立つ。

「私たちは、主人公がどうするべきかを検討しました。主人公は立場的に自分で決められないので、まず上司に報告と相談をするべきだと考えました。報告のポイントは……」

まるで演説みたいだ、とみあは聞きながら終わるのを待った。

そしてDグループは発表者が現れない。みんなが顔を見合わせている。みあが「発表お願いできますか」と促すと、伊良部という男性が、バツが悪そうに立ち上がり、こう言った。

「すいません、何も書けませんでした」

みあは返す。

「どうしてなの?」

「えっと、討議が長引いて時間切れです。まあ、いい意見は出ましたが」

みあは語気を強めて言った。

「それは残念ね。この研修は討議をすることではなく、実際にアウトプットすることが大事です。仕事でも同じでしょ。考えるだけではなく、何か行動しなければ評価されないわよね」

伊良部をはじめ、Dグループの面々はうなずきながら聞いていた。

「そうですね。次から気をつけます」

「はい、でもせっかくですのでどのようなことが話されたか聞かせてください」

みあの問いかけに、伊良部は目を光らせて話し出した。

「はい、私たちは最初、何から手を付けるべきかと話し合いました。そのうちどんどんと事態が複雑になっていることがわかり、これは自分たちで対処することはできないなという意見が大勢を占めました」

みあは拍手をした。

解説 インバスケットの気づきは他のメンバーから

受講者が発表をしている際には、講師は聞き手に回ります。

ついつい疑問点を質問したり、感想を述べたりしたくなってしまいますが、できるだけ抑えましょう。

なぜなら、インバスケット学習において気づきが生まれるのは、他のグループやメンバーの発表からだからです。

講師が発表中に評価や解説を入れると、その気づきが失われてしまいます。

ですから講師は、発表を遮ることなく聞き手に回ります。

ただ、発表内容をさらに深掘りすることで、受講者全員の気づきにつながるような場合には、質問を行います。

「その行動をとった理由は何でしょうか」

「どのような経緯でその結論に至ったのですか」

このような質問です。

発表する内容が、事実を述べているだけだったり表面的な行動だけだった場合は、このように質問することでさらなる気づきにつながります。

それは気づきの発生源が事実や行動ではなく、それらの背景にある視点や考え方だからです。

例えば「結論から報告する」という行動があったとしましょう。

これでは「報告の方法」に対しての選択肢が増えるだけです。

そこで「どうして結論から報告するのですか」と質問をすると、その理由を答えてくれます。

「上司に短時間で報告をすることが大事だから」

「上司が正確に判断することができるから」

このようにすると、受講者は違った考え方や視点に触れることができ、気づきが多く生まれます。


次に、結果に焦点を当てた質問をすることです。

「それは現実的に時間が足りないと思いますが、いかがですか」

このような発言は、受講者の発表を否定することになるばかりか、受講者の気づきも結果に偏り、プロセスに気づかなくなります。

そして、やたら褒めることです。

「みなさん、聞きましたか。このグループはこのような素晴らしい行動を取っています」

こんな風に講師が褒めるとそれが正解だと思ってしまい、気づきが少なくなります。

教える側は何か言わなくてはいけないという先入観があります。

しかし、インバスケット教育では、教える側はできるだけ話さないということが学習効果を上げるポイントなのです。

最後にテクニックを。

発表してもらう際に、「アウトプットされた内容とあわせて、その行動の理由も発表してください」とお願いすることです。

これを言っておくと、深みのある発表になります。

また、長く発表してしまう可能性がありますので、1グループ3分程度などとルールを作ると、さらに洗練された発表を引き出せます。

発表の間は講師にとって「口を出すのを我慢する」時間と捉えてください。

3-15　大炎上の研修会場

みあは全てのグループが発表を終えたのを確認し、少し間を取った。

これらの発表に対してのフィードバックをしなければならない。

「では、各グループの振り返りをしていきましょう」

そう言ってAグループのホワイトボードまで歩いて行った。

「Aグループの発表は『自分で判断する』ということね。でも、上司に報告や相談をするべきだと思います」

次にBグループのホワイトボードに赤ペンで書き込みながら言った。

「Bグループは上司に的確に相談していますね。私が上司だったらとても助かります」

みあは自分の感じたことをすらすらと述べている。研修室は静まり返っている。そこに鋭い声が響いた。

「ちょっといいですか」

神無の声だった。

みあは何が起こったのかと神無の席に体を向けた。

「神無さん、どうぞ」

神無はキッとみあをにらむと、不満をぶちまけた。

「それっておかしくないですか？　どうして自分のミスを自分でカバーしてはいけないのですか？　今先生が言っているのは先生個人の感想としか聞こえません。納得できないです」

負けていられないとばかりに反論する。

「いいえ、私の感想じゃないわよ。Bグループは報連相がきちんとできているわ。神無さんも習ったでしょ。報連相」

神無はさらに攻撃の色を強めて答える。

「ケースバイケースじゃないですか。仮に私の上司にそんな報告したら、怒鳴られます。自分でカバーできる部分は自分でするのがビジネスの基本じゃないですか？」

みあは金田の顔を思い出しながら、少し面食らったように返す。

「そういう上司の方もいるかもね」

「かもね、って私がおかしいような言い方ですが、私から見て変わっているのは先生の方です。先生の好き嫌いで評価されて、何のための研修なのかわからなくなっちゃいました」

他の受講者もざわざわし始める。後ろにいる西野沢はにやけながらスマホでこの様子を録画しているようだ。まるで火事を見物するたちの悪い野次馬のようだ。

ついに教室のいろんなところからみあに意見や質問が出始める。

まるで火事の初期消火に失敗したかのような光景で、火が見る見るうちに大きくなるようだ。

〝どうしよう〟

みあの頭は真っ白になり、立ちすくむしかなかった。

解説

炎上しないフィードバック

インバスケット学習の最大の難所が「フィードバック」です。私は何度も新人講師がフィードバックで炎上するところを見てきました。そして私自身も何度も炎上したことがあります。

なぜ炎上するのかを振り返って分析すると、2つの原因に行きつきます。

それは「主観」と「正解主義」です。まずは主観からお話ししましょう。

主観とは、受講者の回答に講師の感じたことが反映される、いわゆる思い込みです。簡単に言うと、受講者が考えた回答を、講師が勝手に解釈して評価することです。

子供が絵を描いたとしましょう。それを見た先生がこう評価します。

「あら素敵な太陽ね、きれいに描けたわね。ねえみんな、〇〇ちゃんはこんなきれいな太陽を描いたわよ」

その子は気まずい顔で下を向いています。実は太陽ではなく、ライオンを描いたつもりだったのです。

これが実際にインバスケット研修でもよく見られます。

「おそらくこの行動は上司を気遣っての行動だと思います。素晴らしいです」

このように思い込みでフィードバックすると、本来の学習効果もなくなりますし、さらには反感を買うことがあるわけです。

ですので、フィードバックの基本は、受講者が「書いていること」「言っていること」に対して行うことです。


次に「正解主義」です。

インバスケットはケースですから「一般的な答え」が存在します。

一般的な答えとは、大多数の人が答える内容のことを指します。

例えば今回のケースでは、大部分が上司に報告するという行動を取るでしょう。

でもそれが絶対的な正解かというと、そうとも限りません。

あえて報告しないというプロセスもあるからです。

インバスケット学習の基本は他者の意見を学ぶことです。

大多数の考え方よりも少数意見の方が気づきにつながることもあるので、講師側でこの回答が正解と決めないようにしてください。

逆に少数意見を貴重なものと考え、興味を持って受け入れることが大事です。

例えば今回のケースでは、Aグループと B グループで違った行動が出ました。

私がフィードバックするなら、「どちらのグループが正解か」という持っていき方ではなく、同じ案件でも異なる行動があるという点に焦点を当てます。

つまりプロセスに焦点を当てるのです。

「Aグループはストーリー風に伝え、Bグループはシンプルに伝えています。さて皆さんはこれら2つの異なる行動についてどんな意見を持っていますか」

このように投げかけ、受講者の考えを引き出します。おそらく様々な意見が出るでしょう。

そういう中でも「正解・不正解はない」という大前提を頭に置いておきます。

このような意見交換や発表内容から、多くの受講者が「自分の行動以外にも方法があるのだ」だとか「自分の行動は少数派なのだ」と気づくわけです。

この気づきを生み出すのがインバスケットのフィードバック技法なのです。

これら2つの炎上の原因を取り除くには、トレーニングが必要です。

当社の講師養成プログラムでは、多くの時間をこの主観を取り除くこととプロセスを評価する技法の習得に充てています。

それほどに、主観を取り除いてプロセスを評価し、フィードバックをするのは難しいことです。ここは本書だけで習得できない部分でもありますので、本格的にフィードバックの技法を身に付けたい方は、当社の講師養成プログラムなどで特訓するといいでしょう。

ここでは、慣れていない人がフィードバックする際のポイントを3つ紹介します。

1．プロセス
2．比較
3．2ストライク1ボール

まず**「プロセス」**から説明しましょう。プロセスとは結果に至るまでの過程です。ワークで発表されたアウトプットを「結果」で評価せずに「プロセス」で評価することです。

この報告連絡相談インバスケットであれば、「限られた時間の中でより正確な報告をするために簡潔にまとめる」というプロセスや、「事実が起きた背景を相手が理解しやすいように伝える」というプロセスです。

誰にメールを送ったかだとか、どのような内容を報告したかという結果部分を評価すると講師の主観が入りますし、受講者の主観も入ります。

プロセスをフィードバックすることで「気づき」が生まれます。結果のフィードバックは「受講生の懐疑心」を生むことを知っておいてください。

次に**「比較」**です。

これは「Aグループにはこの要素があるけど、ほかのグループにはない」などのフィードバック技法です。正解・不正解を指摘する意図ではなく、「このようなやり方」もあるという気づきを促す技法で、インバスケット教育初心者にお勧めです。ただ、この際にも「良い」「悪い」の主観を入れないようにしてください。

そして**「2ストライク1ボール」**です。

これは発表に対して2回褒めて1回指摘するという方法です。

インバスケットのフィードバックは減点方式ではなく加点方式です。

「このプロセスは評価できますね」

というように、褒めるをベースにフィードバックします。

褒めていて気づきがあるのかと質問を受けることがありますが、実はそのグループを褒めるということは、できていないグループに対して辛口のフィードバックになるわけです。

ですからそのグループを褒めつつも、他のグループに気づきを与えるイメージでフィードバックすることが大事です。

1ボールの部分は特になければしなくていいです。ただ、全グループに欠落している部分があれば、それはフィードバックしてあげるといいでしょう。

「全グループいい発表だったが、このプロセスがあればもっと良かった」という風にです。

最初は力が入るものですが、できるだけ力を抜いて、プロセスを評価してあげてください。

3-16 本学と末学？

「ごめんなさい」

みあの口からこぼれるように出た言葉だった。そして頭を下げていた。自分の犯した失敗を受け止めていた。

「確かに私が正解か不正解かを決めるべきじゃないわね。本当にごめん」

みあは再び頭を下げた。頭の後ろで結んでいる髪の毛が前に落ちる。

騒いでいた受講者も神妙な面持ちでみあを見つめる。

「そうよね、何が正解ってないものね。私の正解をみんなに押し付けるべきじゃないわね」

神無をはじめ数名が大きく頷く。

「私はみんなの発表を聞いていて気づきました。同じケースなのにいろんな仕事の進め方があるのだということに」

みあがそう言うと、受講者は自分以外のグループの回答を見始めた。

Bグループの空沢が手を挙げて発言した。

「先生のおっしゃる通り、同じ問題なのにそれぞれのグループで行動が異なっているのは驚きました」

みあはうなずき、言った。

「そうね。どれが正解というわけじゃなくて、いろんな行動があってそれを使い分けることが大事だと思うけど、みんなどう思う？」

受講者の多くはうなずく。

「今の討議と発表で皆さんが気づいたことを意見交換してみてくれますか？」

そう言うと、各グループは先ほどのワークよりも活発に意見交換を始めた。


「どんな意見が出たのか教えてくれる？」

みあが促すと、神無が手を挙げた。

「私たちのグループだけ自分たちで対処するという方向になったのは事実で、その判断は誰がするべきかということが気になりました」

「なるほど」

「まあ、私個人としては、自分のミスは自分で処理するという考えがあるのですが、これ以上ミスが広がると会社に迷惑をかけるので、上司に相談する方がいいという意見が多かったです」

「ありがとう。ほかのグループはどうですか？」

Cグループのハカセも挙手して話した。

「わがグループもAグループと同じ意見です。私個人もこのようなケースは自分で決めるのですが、課長に『勝手に決めるな』と叱られることがよくあります」

みあはありがとうと言って拍手をした。

「みんなの意見を聞いていると、自分のミスは自分で何とかしたいという気持ちがあるけど、会社という組織を考えると上司に判断を仰ぐ、相談をする方法を取るという人が多かったようね。一人で考えるより上司の判断を仰ぐといい方法も見つかるかもしれないわね」

みあはそう言うと、10分間の休憩を入れた。


1回目のグループワークとフィードバックはこうして終わり、みあは力が抜けたかのように講師席に座り込む。ふーっと息を吐き、顔を上げると、誰かが廊下からこの研修を見ていることに気づいた。

そこに立っていたのは宮崎だった。

みあはとっさに廊下に出て声をかけた。

「宮崎先生、どうして」

「懐かしいな、この研修室はそのままだな。そして不思議なものだな。今は君が教えている」

「でも大失敗しちゃいました」

みあは目からあふれ出る涙をハンカチで押さえた。

「いや、失敗じゃない」

「でも、みんなに何も教えることができませんでした」

「君は見事に教えることができた」

みあはきょとんとして聞き直す。

「何をですか」

「仕事のやり方は1つじゃないってことをね」

解説

本学と末学

教育の方法が合っていても、結果が伴わないときがあります。

それは何を教えるかが間違っているからかもしれません。

間違っているというよりも、ポイントが少しずれていると思っていただけたらいいでしょう。

学問には「本学《ほんがく》」と「末学《まつがく》」の2種類があります。簡単に言うと「本学」はその目的や背景を教える学問、「末学」は手法や手段を教える学問です。

私はインバスケットの講師を育てていますが、彼らは、最初の登壇から20回ほどまでは安定した結果を出します。そしてそこから受講者の満足度が落ちだしたり、習熟度が急激に下がりだしたりするのです。その原因は「手法」に走っていることです。

例えば報告連絡相談を受講者に教えるとしましょう。

ポイントのずれた教え方をしている講師は、「そのメールの書き方では伝わりにくい」「もっときれいな文章の書き方は……」という部分に焦点を当てて教えています。しかし、それは末学です。本学は、「報告する必要性」「報告する意味」を教えることです。

末学に焦点を当てると3つのデメリットがあります。

1つ目は**「形骸化」**です。

なぜその行動を取るのかがわからないと、教えた時点からどんどんとレベルが下がっていきます。例えば飲食店などで「いらっしゃいませ」とあいさつされますよね。

これも「いらっしゃいませ」と言うという行動しか理解されていないと、ぼそぼそと言って相手に聞こえなかったり、不愉快な思いをさせたりすることになってしまいます。

お客様がいらっしゃったことを認識し、歓迎の意を伝えるのが本学です。

これがわかれば「○○様ですね。ようこそいらっしゃいました」という風に言えますし、ほかのお客様と会話中なら、会釈でも対応ができるのです。


2つ目は**伝承されない**ということです。

伝言ゲームを知っていますか？ 人から人へとあることが伝わっていくうちにおかしな伝わり方をしていきます。

組織も同じで、なぜそれをしなければならないのかを理解して教えていないとおかしな伝承になりますし、いつか消えてしまいます。

3つ目は**モチベーションが下がる**ということです。
「なぜそれをする必要があるのか」がわからない作業を指示されても、やる気が出ないですよね。なぜ報告をしなければならないのか、ということの必要性を理解させることができれば、受講者もモチベーションを保ちやすくなります。

ですから、本学を教えることにインバスケットを使ってほしいのです。

決してメールの書き方や文章の書き方教室になってはいけません。

3-17 自分のミスを報告したくありません

みあは宮崎の励ましで少し自信を取り戻した。

「うん？　君は」

宮崎は、自分を避けるように教室に戻る西野沢に声をかける。

西野沢はまるで獣に狙われた小動物のようにおどおどしている。

「は、はい。ご無沙汰しております」

みあは西野沢の豹変ぶりに驚いた。

「宮崎先生……西野沢さんをご存じなのですか」

その時、立花がみあの耳元で囁くように言う。

「そろそろ休憩時間が終わります」

みあは宮崎の話を聞いたときに何かヒントを得たような気がした。

〝末学ではなく本学〟を教える。

まだ明確ではないが、何をフィードバックするべきなのか、もやもやした中から少しシルエットが現れた。

「では、案件4を皆さんで考えてみましょう。先ほどのようにホワイトボードにどのような報告をするのかを伝える形式で書いてみてください」

4つのグループは、先ほどのワークで要領を摑んだのか、それぞれスムーズにワークが始まった。

みあも先ほどまでの緊張感が薄れ、発表される内容に興味が湧いていた。


「じゃあ、時間ですので発表に移りましょう」

Aグループは神無が発表する。

「私たちは岡崎さんに『確認する』という返信を送ることにしました」

みあは質問する。

「どうしてその返信をするの？　何か意図があれば教えてください」

「結論として会議が開催できれば何ら問題ないからです。ほかの案件から取引先も時間を変更してくれという内容のものがありましたから」

みあは発表が以上かを確認すると、拍手をした。

Bグループは空沢とは別の人が発表に立った。どうやら空沢が全員に役割が回るようにしたようだ。

「全てを報告します。理由は後々事態が悪化すると困るからです」

「全てを報告する……？」

みあが聞き直すと、発表者がまごついたからか、空沢が発言した。

「全てとは、自分のミスであることを先輩や課長、支店長に共有しお詫びの上、今どういう状況なのか、自分が知っている情報を全て報告するということです」

「ありがとう、よくわかりました」

みあはそう言って拍手をした。

Cグループはハカセだ。

「最初はBグループのようにお詫びし、報告するべきだという内容で話が進みましたが、最終的に覆りました」

「どういう経緯で覆ったのかな」

みあが掘り下げる。

「上司に無駄な心配をかけないという点もありますが、建前はそうであっても本音は評価を下げられたくないという心理が働いたのは否定できません」

「そうですか。わかりました。ありがとうございます」

みあは拍手をした。

Dグループは伊良部が、バツが悪そうに発表する。

「すいません。同じ間違いを犯してしまい、結局まとまりませんでした。正直に勇気を出して報告すべきだという意見もありましたが、無駄な心配をかける必要もないという意見もあり、拮抗しました」

「最終的にはどんな風になったのかな」

「えっと、会議のスケジュールが変更になるということは事実なので、その部分だけまず伝えておこうという話になったところで終わりました」

みあは４つのグループの発表を聞いてまとめた。

「ありがとうございました。みんなの意見を整理して書くね」

そう言ってホワイトボードに、

・報告しない
・わかっている部分だけ報告する
・全て報告する

と書いた。

受講者もじっとホワイトボードを見ている。

「大きく3つね。次は立場を変えて考えてみましょう。皆さんが報告を受ける立場だったらこの3つの報告方法に対してどう感じるか、意見を交換してみてください。時間は5分です」

コラム　5分ワークの勧め

インバスケットでは15分から20分のワークが主体ですが、講義の際に「5分ワーク」を使うことがあります。

これは講師からの質問に対して、時間を設けて意見交換をさせる手法です。

例えば、仕事を任せるという部分をフィードバックや講義している途中に、「任せると言えるにはどのような条件が必要か」などの問いを投げ、5分で意見交換させます。

質問について考え、その考えをアウトプットさせることで、学習度を上げるのです。

解説

「悪い報告はしなければならない」の教え方

インバスケット学習では「〇〇があるべき姿である」という教え方よりも、「〇〇をすればこんなメリットがあなたにある」という教え方をします。

それは1―4でお伝えしたように、大人を教える際には「必要性」の要素が必須だからです。

「悪い報告ほど早く正確にしなければならない。それは組織の一員が行うべき組織防衛の一環だからだ」

という教え方は間違いではありませんが、受講者は理解ができても納得はしません。

納得しないことは、現場でも行動として反映されません。

今回のケースでは、何人かの受講者が自分のミスを報告するデメリットにばかりに気を取られてしまっているようです。

このようなケースでは、視点を変えさせることで与えられる気づきもあります。

「報告を受ける方の気持ちはどうだろう」

だとか、

「悪い報告をすることによるメリットはないだろうか」

という風に投げかけてあげて、さらに討議することでよい気づきを与えられるでしょう。

振り返りも「メリット」を重視して伝えるようにします。

「悪い報告ほど早く確実にすると、こんなメリットがあります。まず上司の指示やアドバイスを受けて解決がしやすくなります。また、被害が拡大しても、前もって報告を入れておけばあなた自身が必要以上の責任を負わなくて済みます」

メリットを伝えた後、教える側の経験談を入れてあげると、さらに受講者はイメージしやすくなります。


悪い報告ほど早く、正確に。

このような気づきが生まれるためには「こうあるべきだ」という教え方よりも、受講者が別の方法にメリットを見出し、現場でやってみようと思わせる教え方が大切なのです。

3-18 悪い報告は大事です

みあはいくつかのグループに「どのような意見が出たか」を聞いた後、ゆっくりと思い出すように話した。

「私の失敗談を話します。私がチーフの頃ね、お客様が予約されたのとは違うケーキを間違って渡してしまったことがあるの。その時はチーフになったばかりで、みんなにミスを知られたくなかったし、店長からの信頼を失いたくなくて自分自身で何とかしようと、お客様宅にお詫びに上がったの」

みあの話をみんな食い入るように聞いている。

「でも、お客様から『どうして店長が謝りに来ないのか』と叱られたわ。それでとっさに『店長はいません』と嘘をついてしまったの。何とかその場を収めてお客様に許してもらって店に戻ると、店長に呼ばれたの。

『さっき、お客様からお電話を頂いたよ、なぜ報告しなかった』と言われたの」

みあは当時を思い出し、思わず目をうるませた。

「お客様はケーキの渡し間違いよりも、ミスを隠そうとした私に不信感をもって、お店に電話したのね。少しの嘘がお客様や上司、同僚からの信頼を大きく損なうということを知ったの。だから私は悪い報告ほど早く正確にすることを大切にしています」

みあの目の前に座る受講者は、何か思いつめたようにじっと机を見ている。

神無も初めてノートに何かをメモしていた。

みあは表情を和らげて言った。

「では次の案件を考えましょう。次は報連相の優先順位です。これら10案件でたくさん報連相しなければならないことがあります。その中で上司に3つだけしか報連相できないとしたら、皆さんはどの件を優先して報連相するでしょうか？　ホワイトボードに1番目、2番目、3番目と書いて発表をしてください」

すぐにワークに入った。

20分後。

「では発表に移りましょう」

Aグループの発表は神無だ。

「私たちは期限が迫っているものを優先的に報告することにしました。その結果、案件7と1、そして2を報告することにしました。以上です」

みあはホワイトボードに書き込み、発表が終わると拍手をした。

続く3つのグループも神無のように発表し、みあはそれを書き込む。

Bグループ。

「私たちは案件4を報告し、そのあと案件10を報告することにしました。3番目はす

	A	B	C	D
1位	7	4	1	
2位	1	10	8	
3位	2	7	9	

ごく迷いましたが、案件7にしました」

Cグループ。

「Cは案件1、8、9という結論に至りました」

Dグループ。

「何度もすいません、全てを決めることはできませんでした。できれば課長に時間を取ってもらい、全て報告するのがベターではないかという意見が出ました」

みあはホワイトボードを見ながら〝みんなばらばらね〟と心の中でつぶやいた。

さてどのようにフィードバックするべきか……みあはしばらく考えた。

解説　癖に気づかせる方法

インバスケット教育の効果として、今まで気づかなかった自分の癖に気づかせるという点が挙げられます。

判断の仕方や仕事の進め方、トラブル処理などについて、多くの人は自分の方法が「普通」だと思っています。

しかし、他の人と比べて初めて自身の考えが普通ではないことに気づき、客観的に自身の癖に気づきます。

インバスケット教育の要は、この「癖」に気づかせることです。癖は、過去の経験や失敗、育った環境、属する業界のルールなど様々な要因で作られます。

もちろん個人の価値観も影響します。

ですから、教える側はそれら「受講者が大事にしているもの」を傷つけることなく、気づかせることが大事なのです。

この観点から受講者を「正解」に導くことや、「少数意見の排除」をしてはいけないのです。

具体的にはまず、さまざまな考え方があるということ自体に興味を持たせるようにします。

「同じ問題なのに様々な意見や考え方がありますね」

このように投げかけ、違った考え方を受け入れる方向へと導きます。

そのうえで、「正解はない」ことを説明し、このように投げかけます。

「ここで知っていただきたいのは、皆さんが今までやってきた方法が唯一の方法ではないということなのです」

そして最後はこのように投げかけ、自身の癖に気づかせます。

「ほかの人とどこが違うのか、気づいた点をメンバーで共有してみてください」

インバスケット学習の中で他者との違いに気づくシーンは3回あります。

まず、ワークのメンバー間の討議の中で気づきます。

そしてグループ発表の中で気づきます。ここでは気づきの再確認というイメージです。

最後にチェックリストや採点などのツールで気づきます。

ワークの討議の中では「あ、自分とは違う考え方があるな」という異質の考え方への気づきで、発表の中では「大多数と異なる部分はここだ」という自己異質への気づき、そして最後のチェックリストや採点では「やっぱり自分はこういう傾向があるのだ」という確認の気づきになります。

特にワーク後のフィードバックでは、講師には気づきを促すためのファシリテーションや、ホワイトボードに的確に整理して書くなどの技を使うことが求められます。

このシーンの力加減が難しいのですが、あまり力を入れすぎて「あなたの癖は何?」と話を展開させていくよりも「気づくことはいいことだ」程度で留めておくのがいいと思います。

なぜなら、多くの人が本当は気づいているのに気づかないふりをしているからです。

3-19　それで本当に伝わるかな?

みあは、グループ発表を終えた受講者にこう投げかけた。

「いろんな発表がありましたが、このワークは、何が正解かを知るのではなく、皆さんそれぞれの報連相の順番のつけ方がほかの人とどう違うのかに気づいてもらうのが目的です」

みあは、少し間をおいてAグループに投げかけた。

「Aグループはどうしてこの順番になったのかな」

神無が胸を張って答える。

「期限が迫っているものから報告しますし、報告してほしいです」

みあは聞く。

「期限ね」

「そうです。案件7は13時からの会議の録画ですので、すぐに動かないと間に合いません。案件1も13時からの会議ですので。案件2は期限のこともありますが、他部署に迷惑をかけてはいけませんので大事です」

「そうかあ、期限と他部署か」

「はい、特に期限に遅れるのは社会人としてどうかと思います」

みあは拍手をしながらハカセに振った。挙手をしていたからだ。

ハカセはホワイトボードの横に立ち、話しだした。

「私どもは対外的な報告と社内的な報告に分けました。私は品質管理を仕事としているのですが、業者や官庁など外部機関との連携は大事にしています。ですから社内より対外的なものを優先するべきです」

みあはこのように締めた。

「今、数名から意見を聞きました。どのようなことから報告するべき、という正解はありませんが、ここで気づいてほしいことが2点あります。1点は、自分自身のパターンです。自分は金銭に関わることには敏感だ、とか、チームワークに関わることが大事だ、というようなパターンです。

こういったパターンがあることが悪いわけではありませんが、あまり強すぎると、上司からすると少しポイントがずれた報告だと残念がられることがあるのです」

みあは一呼吸入れて続けた。

「もう1点は、今まで皆さんがしてくれた報告の順番を少し変えるだけで、皆さんの上司の方々も『助かるな』と思うかもしれないということです」

ハカセが手を挙げる。

「上司によっても、何が重要かということが変わると思うのですが、例えば今回だと、私の上司はおそらく案件6などが重要だと捉えるように思います」

「案件6……ランチミーティングの案件ね」

「ええ、当部署は品質管理という業務柄、アレルギーなどの言葉には敏感です」

「そうね、上司によって何が大事かは違うので、事前に話し合っておくのもいいと思うわ」

「なるほど、一度ミーティングの機会を持ってみます」

みあは、ハカセの質問に答えている最中にも神無が気になった。

表情が曇っていることに気づいたからだ。

みあは神無が気になりながらも次のワークへと進めた。

「皆さん、研修もあと30分で終了です。次が最後になるかもしれませんね。次は案件3にどのようなメールを返信するかをイメージしてホワイトボードに記入してみてください」

みあがタイマーを押すと同時に皆、ワークを始めた。

ワークも3回目ともなると、各々かなり手慣れた様子で討議を始めた。


15分後、発表に移った。

Aグループの発表は神無ではなかった。隣に座っている男性社員が発表した。

「Aグループは事実を端的にこのように報告して、どうしたらいいのかと課長に指示を仰ぎます」

神無は討議にそれほど加わらなかったようだ。

みあは拍手をして、Bグループに振った。


Bグループは、まだ発表していなかったおとなしそうな女性が小さな声で発表した。

「うちのグループでは、事実を整理して報告したうえで、上司にどう思うかと相談します」

みあは「ありがとう」と言って拍手を送った。

Cグループはハカセだ。

「わがグループは、どうしたらいいですか？　と端的に聞きます。理由は、決定権が自分にはないからです」

みあは拍手をしてDグループに発表を促した。

Dグループ。

「現状では自分で何とかできそうなので、ぎりぎりまで頑張ります。できなくなったら相談します」

各グループの発表が終わると、みあはフィードバックを始めた。

解説

変化球を教える

インバスケット教育には、自身の行動の振り返りで自分の癖に気づくだけではなく、今まで知らなかった方法や観点を習得する効果があります。

私自身も、インバスケットを教える立場から研修のたびに新たな発見があります。

「そんなアプローチもあるのだな」と気づくわけです。

それは経験が浅い人だけではなく、管理職歴10年以上のベテランであっても、部下の叱り方などについて回答してもらうと、今までに成功したことのある方法を無理やりすべてに当てはめているケースが目につきます。

つまり、全てに直球勝負で、変化球を持っていないのです。その背景には、変化球があることにすら気づいていないという環境があります。

状況が変われば、やり方も変えるべきです。

その点から言うと、インバスケットで様々な方法があることを知り、それを選択肢の一つとして自身の投げる球種に加えることも、この学習の目的の一つなのです。

相談の方法も様々なバリエーションがあることでしょう。

一番ストレートなのは、

「どうしたらいいですか」

と聞くという方法かもしれません。

しかしそれ以外にも、

・自分の意見を入れる

・いくつか案を持っていく
・不明点や疑問点を明確にする

などの球種もあるはずです。

相談の仕方がよくなく、相手から叱られるなどした人は、「相談恐怖症」に陥ることもあるようです。

その場合には、「相談すること」が悪いのではなく、「相談の仕方がまずいこと」に気づかせてあげて、受講者が「相談する」というプロセスを上手に使えるようにすることを目的に進めてあげてください。

3-20 メール送っておきました

みあは各グループの発表を振り返った。

「Aグループと Cグループは指示を仰ぐというスタイルね。Dグループは相談をあえてしないで自分で頑張るという選択ね。Bグループは自分の意見を伝えたうえで指示を仰ぐということね」

受講者は自分以外のグループのホワイトボードを見比べている。

「相談も、どのようにすれば正解ということはないけれど、状況や相手によって様々な方法を選択する必要があると思います。いわばストレートだけではなく変化球も必要ということですね」

Aグループの神無が手を挙げて発言した。

「私の店の店長は相談しても〝それくらい自分で考えろ〟と言われるので相談しません。そういったときはどうしたらいいですか」

みあの脳裏には金田の顔が浮かび、〝金田さんなら言いそうだ〟と思った。

みあは少しバツが悪そうに言った。

「そうね、そんな方もいらっしゃるわね。だからといって相談しないことを選ぶのではなく、変化球を使ってみてもいいかもしれないわね」

「変化球？　どんな変化球ですか」

「例えばBグループのように、いくつか選択肢を持っていって選んでもらうという方法もあるわね」

神無はじっと考えている。

するとBグループの空沢が発言した。

「すみません、ひょっとするとタイミングもあるんじゃないでしょうか？」

みあが聞き直す。

「タイミング？」

「はい、私の店の店長は午前中に仕事をバリバリするタイプで、忙しそうにしていま
す。でもゆったりする時間があるんです」

「へえ、どんなときかな」

「ご飯を食べているときです」

空沢がそう答えると、会場がどっと沸いた。

「そうか、おいしいものを食べると人は落ち着くのかもね」

みあが言うと、ハカセが口をはさむ。

「いやいや、それは相手のパーソナリティによるのではないでしょうか？　私の上司
は、飯を食らっているときに話しかけると恐ろしいことになります」

また会場がどっと沸く。

〝そうそう、金田さんて仕事中は火が付くから、仕事を始める前か終わった後がいい
のよね〟

みあは後でこのことを神無に教えてあげようと思った。

「つまり相手が相談に乗りやすいタイミングを見計らうというのも、いい相談の仕方
のプロセスかもしれませんね」

質問をした神無もうなずいている。

「このように、いつもの相談方法に少し変化を加えると、相談に乗ってもらいやすくなります。今のワークで、普段相談をしていない人はもっと相談したり、やり方を変えて相談したりすると、皆さんのお仕事ももっと楽になるかもしれないと気づいてもらえたらうれしいです」

みあは壁にかかっている時計を見てから話した。

「皆さんのスムーズな発表のおかげで、10分時間が余っています」

そう言って、みあはテキストを手にした。

「せっかくなので、もう1つ振り返っておきましょう。案件9です。皆さんはこの案件をどのように処理しましたか？」

ハカセが自信を持って発表する。

「無理になったと返します」

「どうしてそのように返そうと思ったのかしら」

「ええ、私情をはさむと事実が曲がって伝わりますからね」

「ありがとうございます。ほかの人はどうかしら」

空沢が手を挙げて言った。

「私はあえて連絡しないという選択をしました」

「それはどうしてなの？」

「はい、今回ダンソーさんとラクレンさんの発表時間が変更になると思います。そうするとラクレンさんの希望通りにならないので、そのままストレートに返すとショックを受けるだろうと考えました。ですので、連絡はあえてしない。傷口に塩を塗ることになります」

「なるほど。いくつか参考になる意見があったわね。ここでも、大事なのは相手にとってどうなのか、ですね。もちろん皆さんのように相手がショックだろうな、と思う気持ちもわかります。では、相手の立場になったらどうして欲しいか、意見をください」

空沢が珍しく反発してきた。

「確かに何も言ってもらえないのは困りますが、ストレートに伝えられるとショックを受けると思いますが」

みあは即座に答えた。

「空沢さん、『根回し』というプロセスを知っているかしら？」

「根回しですか……」

空沢は少し顔を曇らせた。

「ええ、いきなりストレートに『無理になった』と言われるのはつらいわよね。だから相手に配慮することを根回しと言います。根回しは、相手にとっての衝撃緩和材になります」

空沢は、頭の中のもやもやを取り払うように声を落とした。

「伝えないというのは配慮ではないということですか……」

空沢は自分で言ってみて納得したようだ。

すると唐突にハカセの声がした。

「では私の答えもよくないということでしょうか」

みあは答えた。

「事実を確実に伝えるというプロセスは素晴らしいわ。でも、例えばこんなプロセスが入るともっといいと思います。理由をつける、前置きを入れる、まずメールで送っておいて、あとで直接伝えるなどの方法もありますよね」

「なるほど、そのプロセスが足りなかったということですか」

ハカセが言った。

神無がタイミングを計っていたかのように手を挙げ、言った。

「例えばこの場合に、おそらく無理では、という伝え方はだめですか？」

「逆にどうしてそのような伝え方をしようと思ったのかな」

「ショックを和らげるためです」

「うーん、みんなどう思う？」

空沢が答える。

「私の店の店長もよくその言い方をされます。でも、逆に伝えられる相手はつらいと思います。かすかな期待を持ってしまうからです」

「なるほどね。ありがとう」

みあは神無を見た。

神無は何も答えなかった。ただ、表情が答えている。

明らかに覇気を失っていた。

解説

失敗をさせる意味

インバスケットは模擬体験の場です。

模擬体験の場では、失敗は貴重な成長の糧になります。

失敗は成功のもと、という言葉がありますが、失敗を振り返って自省し、改善につなげるから成功するのです。

インバスケット教育も、失敗をさせて、なぜそうなったのかを振り返らせることで、現場での行動改善に役立てなければなりません。

今回は「連絡」というプロセスですが、このプロセスが不足していたり、方法を間違えて大きなミスになったりしたことは皆さんにもあるでしょう。


先日、私がレストランで食事をしていると、オーダーした料理とは違う料理が運ばれてきました。これはオーダーを受けた人と作る人、そして運ぶ人の間の連絡ミスです。

また、こんなことも実際に職場でありました。

指示した内容の報告書が出てこないので部下に確認すると、その部下は別の部署にその指示内容を転送したので、その部署から私に報告がいっていると思っていたとのこと。

原因を探ると、メールは確かに送られていたが、相手が見落として伝わっていなかった、というもの。

つまり、連絡不足や確認不足によるミスはどの職場でも多発しているのです。

多くの場合、そのミスは「再発防止」という名のもとであいまいにされ、結果的に再発するというケースが多いわけです。


今回のケースでは、どのような連絡が正解かという観点ではなく、プロセスの抜け・漏れに注目させて、その結果どのような事態になるかという進め方で行います。

模擬体験の場でのミスを通じて学習し、受講者が現場でミスを犯さないように教育を進めましょう。

3-21 いいことを教えてもらったけど使い方がわかりません

みあは時計をちらっと見て言った。

「今日の研修は間もなく終わりです。今回の研修で気づいたこと、明日からしようと思っていることを今からお配りする『行動変革シート』に書いてみてください」

その言葉と同時に、吉村がシートを受講者に配った。

また教室には静けさがもどり、シートをたたくペンの音しか聞こえなくなった。

みあは空沢のシートをちらっと覗いた。

空沢もそれに気づいたようで、小声で言った。

「報告連絡相談の達人になろうと思いますが、どうしたらいいか……なかなかいい考えが浮かびません」

茶目っ気ある笑顔でみあを見上げる。

「できることからやってみたらどうかな」

「できること……」

「ええ。それを重ねていくと、きっと報連相の達人になれると思う」

腕を組んで少し考えてから、空沢は答えた。

「わかりました。考えてみます」


みあは次に、ハカセの行動変革シートに目を落とし、声をかける。

「これはどういうことかな」

「書いている通り、人にやさしさを与える……です」

「すごくいいけど、行動変革はもっと具体的にした方がいいね」

「具体的とは」

「人にやさしさを与えるというのは、職場で何をどのようにすることかな」

「はあ……なるほど、そういうことを書くのですね。やさしさ……とはなんだろう」

するると隣のメンバーがハカセに声をかけた。

「ハカセさんは前置きを入れてはどうですか」

「前置き……」

報連相インバスケット研修　行動変革シート

部署（　　　　　　　　　　　）

氏名（　　　　　　　　　　　）

・今回の研修で気づいたこと

・職場でやってみること

「はは、これは私の捉え方の問題かもしれませんが、いきなり結論を言われると〝うっ〟とくることがありますから」

「そうですね。わかりました。〝今、ちょっとよろしいですか〟などの言葉をかけてから結論を報告するようにしましょう」

みあはうなずきながら「うん、それなら具体的だね」と言った。


みあは最後に、神無に近寄った。

神無のペンがしばらく止まっていたのだ。

「神無さん、どう？　書けたかな」

「何をしたらいいかわかりません。でももっと報連相を含めてコミュニケーションを勉強しようと思います。過去に受けたセミナーのテキストを読み返したりして」

みあは言った。

「うん、それも大事だけど、一番大事なのは職場で行動に移すことよ。職場で何をすればいいかを考えてみたらどうかな」

解説　現実との架け橋

インバスケットは実践的とはいえ、やはり受講者からすると現実社会から離れたものです。

ですから、研修と現場との距離は教育する側が思う以上に存在します。

そこで、気づきを現場と連動させる必要性があります。

インバスケットでの気づき
↓
現場での例え
↓
学習者の現場への活用

例えば、優先順位の設定が人と違ったとしましょう。

自分と、他者が選んでいるものの乖離の原因を考えさせた上で、現場でもそれと同じことが起きていないか考えさせます。

この時に、教育する側が「実際の職場に置き換えて考えてください」の一言を言うことが重要になるわけです。

例えば、部下の指導で叱り方について学習したとしたら、実際の部下をイメージさせて、叱り方を検討させるといいでしょう。これは、研修中の現場との架け橋の方法です。

最も重要なのは研修後の行動変革です。

研修を研修で終わらせないために、研修で気づいたことを現場での実践行動に結びつけます。

その際に大事なのは、
・自分で決めること
・具体的な行動を決めること
・継続できることを決めること
の3つです。

そして職場の上司などに研修で宣言したことを共有させて、行動変革の継続率を上げていきます。

研修することが目的ではなく、受講者の行動や考え方を変えることが目的なのです。

《3-22》質問恐怖症

「職場で実行する……」

神無の声はまた小さくなる。

その時、みあの持っているタイマーが鳴り出した。

後ろ髪を引かれる思いで前方に戻る。

「はい、では時間になりましたので、本日の研修の振り返りを各グループで行っていきましょう。今日気づいたこと、そして明日からやろうと思っていることをメンバーに宣言してください」


みあの声を待たずに、各グループで振り返りが始まった。

受講者にとってどんな研修だったのか。これを聞けるチャンスとばかりにみあは受講者に近づいた。空沢の声が聞こえた。

「今日の研修で気づいたのは、『できてるつもり』って怖いなということです。報告連絡相談は仕事の基本で、自分はできていると思っていましたが、こんなにもできていない。特に連絡をしないデメリットを全く考えていないということに気づきました。これを明日から職場で活かして、言いにくいことでもはっきり伝えることをやっていきます」

言い終えた空沢に、メンバーは共感したのか拍手を贈っている。

ハカセも解説口調で話している。

「今日気づいたこと。正論だけでは通じない、根回しを覚える、伝え方に気をつける。以上3点です。言っていることが正しくても、どストレートだと相手を傷つけることになるのがわかりました。精進します」

この発表も拍手に包まれていた。


最後は神無のところだ。

神無はまだシートが埋まっていない様子で、ほかのメンバーの振り返りを聞きながらペンを走らせている。

「私……まだ書けていないのですが、結構滅入っています。できていると思っていたことができていない。頭の中ではわかっているけどできない。どうしたらいいんだろう、というもやもやで前に進めません」

聞いているメンバーは小さくうなずいている。

〝これはフォローが必要ね〟

とみあは感じた。


みあは、グループの振り返りが終わったのを見計らって言った。

「では振り返りが終わったようですので、最後に何か質問はありますか？」

教室がシーンとする。

するとハカセが挙手をした。

「正解はないとのことですが、結局どのような報告連絡相談が一番望ましいのでしょうか？　今回の問題の模範解答をいただきたいです」

みあは質問を聞き終えて答える。

「この研修は報告連絡相談の正解を覚えるものではありません。皆さん自身の報告連絡相談のやり方を振り返り、もっとよくするにはどうするかを考える必要に気づいていただくためのものです」

「確かに至らない部分が明確にはなりましたが」

「仮に正解があったとしたら、それはあなたが足りなかったと思った部分を補ったやり方じゃないかしら」

ハカセはしばらく目をつぶってから言った。

「正解がない、わかりました。自分の正解を探してみます」

みあがにこっと笑うと、次に空沢が手を挙げた。

「今日はありがとうございました。できていないことを痛感したのですが、特に情報を出し惜しみする癖があることに気づきました。どうすればこの癖が直るでしょうか」

みあは答える。

「気づきがあったようでよかったです。情報を出し惜しみすることに対して空沢さんは何をしようと思っていますか」

空沢はとっさに答える。

「つまらないことですが、上司への日報に『今日感じたこと』を1つ入れて報告しようと思います」

「すごくいいじゃない。小さなことでも続けていくと、きっと良くなると思いますよ」

空沢は自信にあふれた顔になった。

「ありがとうございます」

みあはまとめようとする。

「ではほかにご質問がなければそろそろ……」

その時、遮るように神無が発言する。

「そもそも、報連相って完全にできる人なんていないるんですか？　この研修も含めてなんか非現実的だと思います」

みあは返した。

「どうして非現実的だと思ったの？」

神無はまるで恨みでもあるかのように言った。

「これは理想の上司がいて理想の職場があればという設定でしょ。こんなのありえない」

「理想の上司と理想の職場……」

「そうです、私の店の店長は超偏屈です。職場も時間当たりの接客数が当社で断トツに多い東京中央店です。毎日超忙しい中で、先生が言っていることなんてできっこありません」

「そうですか……じゃあ、後で相談に乗るから、研修が終わったら私のところに寄ってくれますか」

とみあは応じた。

解説

質問は分類する

インバスケット教育を始めた、または現在携わっている人の多くは、受講者からの質問を恐れます。

私自身もそうでした。

なぜなら、正解が存在しないので、質問されても答えに窮するからです。実際に質問の応酬になり、水かけ論になったこともありますし、それこそ修羅場になったこともあります。

しかし、質問を受けることは、インバスケット教育で非常に効果的な学習のプロセスと言えます。

ですからここでは、インバスケット的な質問の受け方についてお伝えします。

まず質問を分類しましょう。

- **正解を求める質問**
- **処方箋を求める質問**
- **受講者自身を正当化する質問**

順番に見ていきましょう。まずは正解を求める質問です。インバスケット講習で一番多い質問がこれです。

「正解は何ですか」

教える側のあなたもそうだったように、受講者も、テストには正解があり、講習は答えを教えてくれるためのものと信じている受講者もいるほどです。

ですから、冒頭で「正解はない」と説明するのです。それでも中には「正解を知りたい」と思う受講者がいるのです。

この手の質問には、「正解はない、ほかの人の違った考え方や方法を学ぶことが目的です」と答えます。

教える側になると、ついつい模範解答のようなものを作って教えたくなるのですが、それでは全く意味がありませんし、今までのプロセスを学ぶ学習が台無しになってしまいます。

次に、処方箋を求める質問です。

これは「できていないところは理解できたが、どうすればできるようになるのか？」という質問です。

つい教える側からすると「こうしたらよい」という処方箋を出したくなるのですが、少し我慢しましょう。

大事なことは、インバスケットでできるようになることではなく、職場や生活の場でできるようになることです。

ですから、一番いい方法は「できていないところ」に対して実際に何をやるか決めさせ、継続してやらせることです。

例えば、仕事の計画を立てることができていないのなら、毎日朝5分、その日の計画を立てるという行動を実際に行えばクリアできます。

ポイントは、「本人が決める」「具体的」「継続性」の3つです。

先生や講師が決めたことは所詮、他人が決めたことなので継続しませんし、あいまいな行動目標は具体化されません。だからこそ、本人が具体的に、簡単なことでいいので目標を設定し、継続して行うように導きます。


最後は、受講者自身を正当化する質問です。

「本当にこんな時間でこれをできる人がいるのですか？」とか「実際はできているけど今回はできなかった」などと自身の気づきを受け入れず、他責にする質問です。

この場合は、全員の前で質問を受け答えするよりも、個別に聞くか、それができないなら「オウム返し」で対応してください。

「こんな時間でできる人がいるのですか」

「○○さんはどう思いますか」

「いないと思います」

「どうしてそう思いますか」

このように質問を返していくと、本人が自身の問題だと気づくこともあるのです。

これら3つの質問の受け方をお伝えしましたが、大事なのは、質問は受講者が知りたいから出てくるということです。

つまり、解説などで不足した知識を確実に伝えることができる場なので、せっかくの機会を逃さないで活用したいものです。

私も経験がありますが、中には困った質問もあるかもしれません。

「鳥原先生は、太平洋戦争開始についてどう思われますか」

「それって宗教チックじゃないですか」

質問の内容を理解し、返答をすることが受講者全体の学習効果にプラスなのかマイナスなのかで、講義の場で答えるべきか、後で個別に答えるべきかを決めてもいいと思います。

大事なのは質問の内容を理解しようとすることで、質問から逃げないようにしましょう、ということです。

コラム　正解を求める思考からの脱却

私たちは正解を求める思考を持っていますが、その思考は、リーダーになると逆にパフォーマンスを下げる原因になります。インバスケットと同様に、リーダーや管理者の仕事に完全な正解はありません。

〝どれが正解か〟という思考から〝最適解を作り上げる〟思考への転換が必要なわけです。

なぜなら、これからの時代は環境が目まぐるしく変わり、今までの経験則が通じなくなってくるからです。

マニュアルなどに即してその通りに動くリーダーよりも、状況に応じて最適解を求めるリーダーが求められているわけですね。


みあはいくつかの質問を受け終えると、ふう、と一息ついて言った。

「では、これで今日の研修を終わります。皆さんお疲れさまでした」

そう言うと、受講者の多くも「お疲れさまでした」と言い、帰り支度を始めた。

〝おわった〟

みあに、何かやり残した感がどっと押し寄せた。

もう私にできるのは見送ることだけだ、というやるせない感情があふれた。

その感情に浸る間もなく、数名の受講者がみあのもとに来た。

ある受講者は、

「どこまで報告連絡相談をしたらいいか区切りがわからない」と相談してきた。

これに対してみあは、「上司の方と一度話してみてもいいかも」と助言した。

別の受講者は、

「報連相が大事なのは理解しているが、実際には〝別にいいか〞と面倒くさくなる」と話した。

そのやり取りをしている間に、あれだけにぎやかだった教室も徐々に静かになってきた。

最後に教室に残ったのは、神無だった。

彼女はしばらく机に向かって何かを書いており、みあは声をかけるタイミングを待っていた。

みあが別の受講者とあいさつをしていると、机の上のものを放り込むようにカバンに入れ、

「ありがとうございました」

と力ない声をみあに残して立ち去った。

その後ろ姿は〝肩を落とした〞という表現がぴったりだった。

「帰ってしまったね」

宮崎がみあのそばに来て声をかけた。

「はい、何か悪いことをしたような……どうしたらよかったんでしょうか」

「あれでいい」

「え？」

「あの子は今、葛藤している。でも必ず答えを見つけるだろう」

「そうですね……でも少し心配です」

みあは答えた。宮崎は満面の笑みで返した。

「君もあんな感じで教室から出ていったよ……あ、西野沢」

「ひぇ」

西野沢はカバンを抱えて忍び足で出口に向かうところだった。

「君は教育訓練課の課長をしているらしいじゃないか」

「は、はい、おかげさまで……させていただいております」

「研修センターから逃げ出した君が、教育訓練課長か。ケーキのたまも変わるわけだ」

え？　逃げ出した？　そのときの様子を思い浮かべて、みあは口から笑いが漏れそうになった。

「で、今日の研修を見てどうだった？」

「あ……まあ」

「まあ……君は昔から私がやっていた体験型学習に反対だったからな」

「いえ、そんな……失礼します」

西野沢はそそくさと教室を出ていった。

「彼は変わらんな」

宮崎はぽつりと言った。

「西野沢さんをご存じなんですね」

みあが尋ねると、「ああ」と宮崎はそれ以上答えなかった。その代わり、

「大事なのはこれからだ。いいね、青山さん」

「はい」とみあはつられて返事をしたが、この言葉の意味の重さを知るのはこれからだった。

第4章

インバスケット120%活用術

4-1 インバスケットは「組み合わせ」で使う

第1回研修が終わり、そのアンケート結果が集計された。

アンケートは受講者自身の「研修の満足度」と、その上司から見た「職場での変化」の2つの側面から実施された。

受講者の評価は、今までの研修が5段階で3・9、今回の研修は4・5と予想を上回る好結果だった。

現場の上司からは5段階で4・3という評価がたたき出された。これは今までの研修の最高点だ。

「うむ、そのバスケット研修とやらは効果があったようだな。全面的に研修をそのタイプに変更してくれ」

社長の大蔵は満足げに言った。

「社長。インバスケットです。ただ、しっかりと検証したうえで……」

「何を言っている。すでに私のもとにはあの研修でマニュアル教育や管理職研修をしてほしいという声が届いている。何を躊躇している」

大蔵の険しい声と鋭い眼力がみあを襲う。


〝そうだ、結果は上々。だけど……〟

しかし、みあはこの結果を素直に受け入れることができなかった。

その反面、周りはインバスケット研修に大きな期待を持っている。

みあはそれを過大評価だと見ていた。

〝本当にインバスケットにはそこまでの効果があるのかなあ〟

実際に教えた自分だけがわかることがある。みあの中では今回の研修は〝何かの一部分〟に過ぎないような気がしたのだ。


みあのもとに吉村が報告しに来た。

「青山さん、営業研修と新人接客研修、管理職研修でもインバスケットを取り入れてほしいと要望が上がっています。これから忙しくなりますね」

「そうね」

まだ上の空で返事をしてしまった。

その時、部屋にノックの音が響く。

西野沢と数名の社員が部屋に入ってきた。

「どうしたんですか、西野沢さん」

みあが尋ねると、西野沢は「先日はどうも」と嫌な笑い方をした。

「まさかあの宮崎さんが裏で糸を引いているとは思いませんでしたよ。あなたもやりますね」

「別に宮崎さんが糸を引いているわけじゃ……」

その言葉を無視し、西野沢は突然白い紙を差し出した。

「配置転換願いです。私たち6名は人事部以外の部署を希望します」

「え、どういうこと?」

「我々はこれ以上辱めを受けることに我慢できません。あなたは私たちが長年築き上げてきた歴史を全く無視して、そしてぶち壊した」

薄ら笑いは血走った目に変わっていた。

みあはじっと西野沢を見た。どうやら本気らしいのは目を見てわかった。

みあは静かに返した。

「皆さんの考えを無視して進めたのは申し訳なく思います。でも、私たちの仕事は歴史を守ることではないと思います」

「勝手にすればいい。私たちはあんなごまかしの教育をするつもりは全くありません。

必要ないと言われる前に去るだけです」

　これが西野沢の攻撃の最終手段なのだろう。

「西野沢さんは勘違いされていますね」

「勘違い……何をです？」

　みあは言い切った。

「私は全てをインバスケット教育に変えるつもりは全くありません」

　西野沢は首を少しかしげた。

　その様子を見て、みあはつけ加えた。

「インバスケット教育は、今までの教育の同一線上にあると思います。ですから西野沢さんたちがされてきた教育と組み合わせて実施します」

　みあの言葉を西野沢は繰り返した。

「従来の教育の同一線上に……何を言っているのですか？」

　西野沢は眉をひそめた。みあは言った。

「今まで西野沢さんたちがされてきた教育とインバスケットを組み合わせることで、最高の教育ができるというのが私の考えです」

解説

インバスケットは組み合わせて力を発揮する

さて、インバスケットを使った教育をされた方は、おそらくその効果に驚かれたでしょう。ここからはさらに、インバスケットという教育ツールを最大限に活用する方法を考えていきましょう。

しかし、さらにインバスケットの持つ力を引き出すためには、インバスケットを単独で使うより、組み合わせて使うことです。

もともとインバスケットは「教えたことが現場で使えるか」を測定するツールだとお話ししてきました。

ですから、従来の教育の効果を向上させる意味合いで活用すると、一番力を発揮します。教えてからインバスケットを使う、これがインバスケットを活かす基本です。

なぜなら、インバスケットだけを使うと「できない」という気づきに留まりますが、インプット型の講義と一緒に行うことで「知っていたけどできない」という高度な気づきにつながるからです。

できないという気づきは、あきらめや他責につながりますが、「知っていたけどできない」

は考え方が改善の方に向けられます。
インバスケットをうまく活用した例をご紹介しましょう。

例）新入社員に社会人としての基本的な姿勢を教えた

・新入社員へのインバスケット教育で、それが本当にできるかを確認する。

新入社員の多くが、教育を受けることで「できる」と思って現場に配属されます。現場も、教育されてきているから「できる」と思って受け入れます。しかし、教えてもらったけれど現場ではできないというのは、実際に現場に配属されてから初めて発覚します。

そうなると、新入社員も現場の上長も、そして教育をした人も困ります。現場に配属される前に「インバスケットで教えたけれどできないこと」を洗い出すことで、このような問題は解消します。

例）コンプライアンス教育を行った

・実際の現場でコンプライアンスが身についているかどうかを、インバスケットで確認する。

この場合には、過去に実際起こったトラブルを参考ケースに入れると、コンプライアンスを順守することの難しさを体験できることができます。

これらの例はビジネスシーンのお話ですが、その他でも、学生であれば、授業で手に入れたスキルや知識をインバスケットで試すことも可能でしょうし、生活シーンであれば、子育てなどにもインバスケットが活用できるでしょう。

このように、インバスケットは単独で活用するよりも、従来の教育に関連させて活用すると、効果的に「知っている」を「できる」に変えることができるのです。

4-2 インバスケットは万能なツール？

「ちょっと待ってください。それは納得できないです」

みあの後方から声がした。吉村だった。

「青山部長、それって今回の僕らがやった研修の効果があまりなかったということですか？」

吉村が鋭い視線でみあを見る。

「違う、お互いの教育手法を組み合わせたら、もっといい教育になるということなの」

「僕らはこの人たちの形式的な教育を変革するためにここまでやってきたはずなのに、

話が違う」

「吉村君。今回の教育は確かに素晴らしい結果を生み出したけど、万能じゃないわ」

みあは諭すように言った。

インバスケットは確かに「気づき」を生んで「行動変革」の必要性を作り出すツールだとみあは確信している。

しかし、どんなツールや方法もそうだが、インバスケットは決して万能ではない。例えば、意識や価値観などをインバスケットで教えることはできない。また、発言の仕方や表情の作り方なども教えられない。

だからこそ、弱い部分を補強し合うようにいくつかの教育法を組み合わせなければならない。

みあはそれを、吉村や西野沢に説いた。

西野沢は唸るように言った。

「ふむ……確かに今までの知識教育や理念教育、そして価値観教育……それをもとにしてさらに今回の体験型教育を加えると、相乗効果があるやもしれません」

みあは西野沢に微笑みながら言った。

「そう、まずは今までの教育も決して万能ではないということを知ってほしいのです。つまり、万能なやり方はないということです」

解説

どんな道具にも限界がある

インバスケットは、気づきを促す最強の体験型ツールです。しかし一方で、弱点もあることを知ってほしいと思います。

どのようなツールにも、最適な使い方と間違った使い方があります。

これからインバスケット教育を導入しようとしている人は、良い点と悪い点を理解したうえで使い分けてほしいのです。

インバスケットが得意とするのは、判断のプロセスや問題解決時の行動など、どちらかと言えば「見える行動」です。

例えば、期限が迫った案件について決断するシーンでどのような行動を取るのか、もしくはどのような判断パターンがあるのかをたどるのは得意です。

一方で、人間の性格や思考の傾向などは探りにくいです。

ですから、採用試験などで、性格や思考の傾向などの内面を測るアセスメントツールと、行動を測定するインバスケットを組み合わせて使わずに、どちらか一方の結果だけを見てその人を判断するのは間違いです。

なぜかというと、例えば人の表情や手ぶりなどは、インバスケットで測定できません。

ですから、例えば「部下を指導する」という行動をインバスケットの回答から文字でたどることはできても、どのような表情で行っているかは測定ができないのです。

もっと言えば「部下指導を行う意志」は測定できますが、実際に部下を目の前にして指導できるかどうかは、インバスケットだけでは測れないのです。

また昇格昇進試験であれば、インバスケットだけを判断の材料に使うのではなく、例えばグループ討議など、ほかのアセスメントツールと組み合わせて活用してください。

このようにインバスケットに限らず、どのようなツールにも限界があります。その限界を補うために、組み合わせて行いましょう。

4-3 継続学習の効果

最初の研修から今日でちょうど3か月が経った。

みあと教育訓練課のスタッフたちは全ての教育体系を見直し、インプット＋インバスケットの新しい教育体系を作り上げていった。

確執があった西野沢と吉村も、徐々に普段の上司と部下の関係に戻りつつあるが、相変わらず衝突している。みあは、仕事上でぶつかることは歓迎していた。

報連相インバスケット研修を全社員に受講させることが取締役会議で決定され、管理職やリーダーマネジメント研修のプログラム構築作業に入った。

ただ、みあの頭の中には「本当にこのやり方が正しいのか」という不安があった。宮崎の言葉が頭から消えなかったからだ。

「大事なのはこれからだ」

みあは、新しい教育企画書を見ながらつぶやいた。

「そうね、まだやり残したことがあるわ」

みあは作業中のメンバーに言った。

「ちょっと外に出てくるわ。立花さんも来てくれる?」

みあは教育訓練課のメンバーにそう言って、上着とカバンを持った。

向かったのは東京中央店だ。

午後2時のケーキのたま東京中央店は混雑していた。

店の外からカウンターに目をやると、神無の姿が目に入った。

以前よりてきぱきと動いているような気がする。

みあの不安は雲が晴れるかのように消え、「こんにちは」とあいさつして店に入る。

その時、お客様が神無に声をかける。

「ちょっと、会計早くしてくれる？」

神無はとっさに答える。

「はい、申し訳ありません。牛沢さんお会計は？」

レジにいる牛沢は〝え？　私……？〟とアイコンタクトを送る。

「さっき、そこに伝票置いたでしょ」

「え……すみません。知りません」

神無は牛沢をにらみながら対応する。和装のお客様はあきれ顔だ。


みあは重いものが頭に落ちてきたようなショックを受けた。

〝直っていない！〟

みあは隣に立つ立花の表情を見たが、同じく落胆の色を隠せないようだ。

事務所に入って金田に直接、神無の変化をヒアリングする。

金田は言いにくそうに言葉を選びながら言った。

「いやあ。面目ない。いい教育をしていただきましたが、どうも神無は根っから自己中心的と言いますか」

「効果がなかったということですね」

みあは声を落とした。

「いやいや、決してそんな。研修直後の1週間は見違えるように報告連絡相談ができていましたけどね。それが徐々に……」

みあがそのあとを続けた。

「元に戻った」

「ええ。でもやっぱり資質でしょうかね」


休憩に入ってきた神無が、みあと立花の顔を見て驚く。

「あれ、報告連絡相談の先生じゃないですか」

金田がたしなめる。

「こら、青山取締役に向かって」

「いいの、金田さん。ところで神無さん、研修の効果は出ている?」

神無は、あー、と言ってそのあと首を横に振った。

「最初は頑張りましたが、そのうちに忙しくなって報連相はできていません」

「どうしてできなくなったの？」

「最初はノートに書いた通り、報連相の回数を記録していました。えっと……ほら」

見せてきたノートには、研修の最後に行った宣言の通り、5日後までは回数が記録されている。

「このあたりから……えっと……やらなくてもいいかな……と」

金田が厳しく言う。

「神無はそんなことだからだめなんじゃ。せっかく教えてくれたのに」

「そんなこと言いますけど、店長も研修後のレポートを読んでくれてませんでしたよね」

「あ……それは……後で読もうと」

みあの不安は的中した。

帰りの電車の中で、立花も同じ思いを口にした。

「私たちが何かできるのは、教室の中にいる間だけなんですよね。何だかショックです」

立花のこぼれていく言葉を拾うように、みあが言った。

「そうね、どうにか現場も巻き込まないと」

みあは本社に戻ると、スタッフに指示した。

受講者を派遣した上司への聞き取りを行ったのだ。

その結果、76％が「最初は変化があったが、現在はほぼ元に戻っている」と答えたのだ。

みあたちは、

「どうすれば研修効果が定着するか」をテーマに討議し始めた。

解説 継続する3つの方法

受講者はインバスケットで「できない」ことに気づき、「できる」ようになるために学ぼうとします。

しかし、どんなトレーニングも同じで、継続が必要です。

例えば「判断」や「仕事の進め方」などは、1日インバスケットで学習しただけですぐできるようになるわけではありません。継続することで、初めて受講者の力に変わります。

では、インバスケットを継続してトレーニングするためにはどうするべきかをお話ししましょう。

1．現場で実践する

これに尽きると言ってもいいのですが、できなかった部分の気づきを、現場で改善するための行動に変えていくことです。

例えば「人への配慮が足りなかった」という気づきがあれば、「1日1回、職場の人に声をかける」などの具体的な行動目標を立てて、職場で実際に実践することです。

とはいえ実践する際、個人のモチベーションに頼るのは心もとないことです。どうしても行動が続かないことが多いのです。

ですから、現場の上司や同僚に行動目標を宣言させることで、「やらなきゃならない」という状況を作り出すことが大事です。

2．反復学習

これは、半年後や1年後にもう一度同じ学習をさせることです。

同じプログラムにする必要はありません。

私なら、継続して学習している人には研修前に「前回の研修の振り返り」をしてもらいます。時間は15分ほどで十分です。

これだけでも反復学習の効果はあります。

3. マイルストーンを作る

先ほど書いたように、人は低い方に流れやすいので、目標を設定することをお勧めします。資格を取得したり、検定を受けたりするための勉強というのもいいでしょう。例えば判断力を磨きたければ、一般社団法人日本判断力向上連盟の「判断力検定」があります。

また、半年後に社内の幹部向けに発表会をする、などという目標の作り方もあります。

インバスケットでは多くの気づきを与えることができます。

しかし「気づき」だけでは何も変わりません。気づきを行動に変えて、それが定着していくことで人は成長を遂げるのです。

そのためには、教えるだけで終わるのではなく、継続して学ぶ環境を作ることが必要なのです。

コラム　ラーニングピラミッド

アメリカ国立訓練研究所が提唱しているラーニングピラミッド。

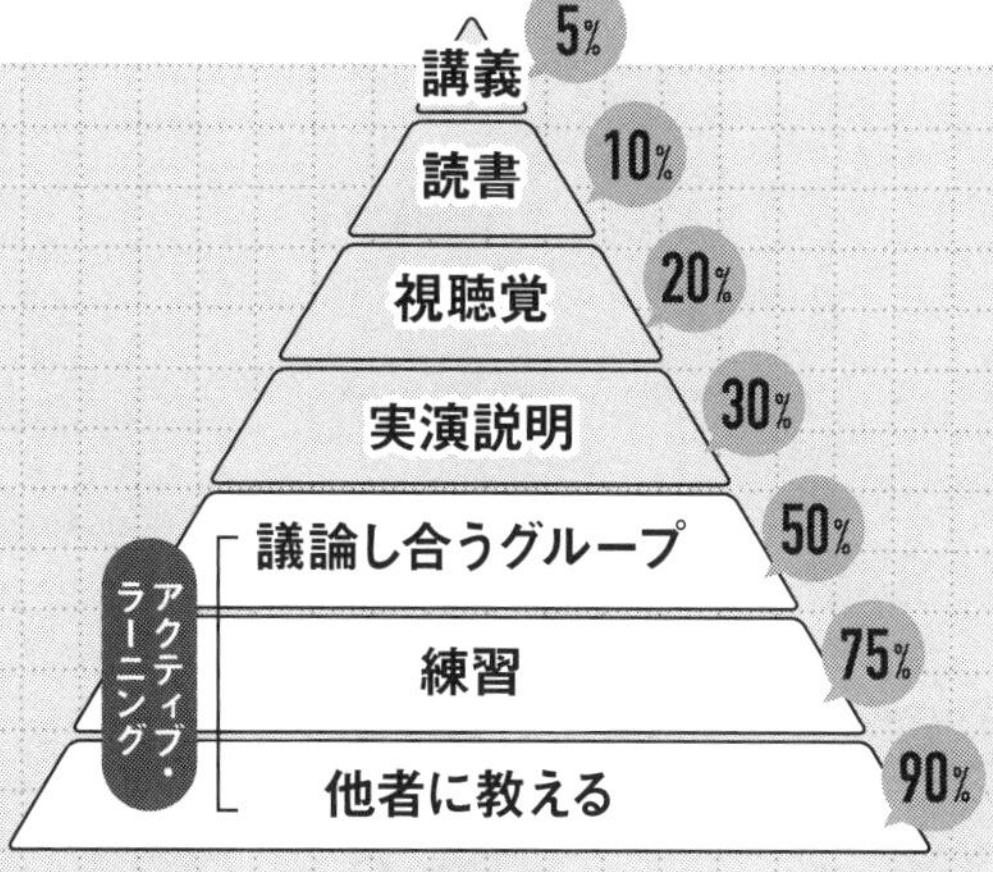

この中で、インバスケット教育の効果を裏付ける理論が発表されています。

特に注目したいのは、「教える」レベルにおいて最高の学習効果を導き出すということです。

インバスケット学習は、「議論」の段階のトレーニングです。

そこから現場で実践する「練習」に移行します。

ただ、それでも75%ですので、インバスケット教育で最終的に目指してほしいのは「教える人間」を増やすことです。インバスケットで学び、インバスケットを使ってその知識を経験に基づいて教える。

これが最高の学び方なのです。

当社ではこの考え方を取り入れており、企業に当社の講師を派遣するスタイルではなく、教える人間を企業内で教育するシステムにしています。

実際に、講師養成講習に参加される方の3割は、

「研修などの実施予定はないが、教えられるレベルを身につけたい」

という動機で参加されています。

教えられるようになることが、本当の力がついたということなのです。

4-4 インバスケットはリーダー教育だけではない

部内で検討した結果、3つの対策が取られることになった。

1つは「報連相のフォロー研修」。

これは研修後3か月目に実施し、現場でできたこと・できなかったことをメンバー同士で意見交換する。特に新しい講義を行うわけではなく、以前行った研修の掘り起こしがメインである。

もう1つは「グループフォーラムの導入」。

簡単に言うと、SNSを使って、受講したメンバーが交代で毎日研修で学んだことを書き込む。4人だったら4日に1度回ってくるので、研修効果が続くだろうとにらんだ。


ここまでは教育する側のしかけ。そしてもう1つ、一番大事なのは、受講者個人が学び続けること。ここでは、「ラーニングピラミッド」の最高峰である「教える」が適当と感じた。自分が教える立場になれば、報連相を実践せざるをえない。


「報連相マスター?」

みあは東京中央店で、神無に印象を聞いてみた。

「なんだか野菜ソムリエみたいですね」

でもまんざらでもなさそうだ。

報連相のインバスケット研修を2回受けると、この社内資格が与えられ、資格手当も支給される。神無はその第1号になった。

「えっとね、報告連絡相談は仕事の基本だからね」

神無が新人にそう教えているのを聞いて、後ろからその様子を見ながらみあはちょっと吹き出した。

〝あの神無さんが報連相を教えている〟

嬉しいような、少し滑稽なような、そして少したくましくも思えた。


みあは社長室にいた。新しい教育制度を社長の大蔵に事前説明しているのだ。その過程で神無の話をした。

「そうか。知っているとできるは違うんだなあ」

大蔵はどうやら自分にも当てはめて考えているようだ。

「はい、私も今回の件ですごく難しいことだと感じました。特に自分はできると思っている人に〝本当はできていないんだよ〟と気づかせることは」

「ああ、特に私たちのようなリーダーになると、その傾向は強くなるのだろうな」

大蔵は苦笑いをした。

みあは続けた。

「今回の新しい教育制度は、『覚える』から『できる』に重点を移しています。あともう一つ『模擬体験』もキーワードです」

「模擬体験とは?」

「はい、最近は店長になりたくないというスタッフが増えています」

「らしいな、よくわからんな。この会社で仕事をしていれば普通は店長を目指すものだろう」

大蔵は不満げに言った。

「はい、私も……いえ、私は社長に無理やりさせられましたが」

「なんだ。今ごろ文句を言うのか」

みあは笑いながら答える。

「いえいえ、でもそれまでは店長って大変そうだな、自分にできるのかな、なんて思っていたんです。確かに大変でしたが、なってみて初めてわかったこともあります」

「何だね」

「例えばスタッフの成長を感じられることもそうですし、自分の考え一つで職場の雰囲気やお店が変わることもそうです。採用や配置転換で人を活かせるところもすごくいい仕事だとわかりました」

「ふむ」

「でも、なってみないとわからないので、今のスタッフにもインバスケットで『模擬店長体験』をさせたいですし、採用課では大学生向けに『製造直売の仕事体験』をさせてあげたいです」

「ほう、それは面白いな」

みあは大蔵の表情を見て安堵した。

「はい、ぜひやらせてください」

解説 インバスケットの可能性

インバスケットはそもそも、アメリカ空軍で活用された教育ツールであることは最初にお話しした通りです。

この「知っている」を「できる」にするツールは、どんな人が抱えている問題でも解決できる可能性を有しています。


例えば大学生が社会人になったとき、最初は多くの失敗をします。

4年間も勉強してきたことがほとんど役に立たない悔しさを、私自身も持っていました。

しかし、それは違います。

「知っている」だけであり「できない（使い方を知らない）」わけです。

例えば、経済や心理学、歴史なども、大人になってから学び直した人が多いでしょう。使い方を知って学ぶから力になるわけです。

大学生の多くが社会人の経験をしていません。学生アルバイトの延長線上と考えている人が多いのが現実です。

インバスケットはそこに効果をもたらします。

私が初めて大学生の教育にインバスケットを使ったとき、対象は、4年生でした。その時、学生に言われた言葉を覚えています。

「4年生でやっても遅い。2年生くらいでインバスケットをやって、足りない部分を残りの2年で学びたかった」

大学時代の学びを有効に活用する意味でも、社会人の模擬体験インバスケットは効果があるのです。

コミュニケーションもそうです。婚活などにも使えると思います。

どのようにコミュニケーションを取るのかを学ぶ人は多いのですが、実際にそれを実行できている人は少ないと思います。

模擬体験で、どこができていないのか、それをできるようにするにはどうするかを知るには、インバスケットが有効なのです。

東北大学と連携して作った「災害インバスケット」があります。

これは、企業のリーダーが、予測できない大災害に見舞われたときの判断力をトレーニングするツールです。

有事の際に「できない」がわかるよりも、模擬体験のインバスケットで「できない」を知り、どうすればできるのかをトレーニングしておくことで、大事な部下や職場、ひいては自分の社会的存在価値を失わなくて済むのです。

このようにインバスケットは「生きる力」を育みます。

人間は勝手な生き物です。自分はできるとか、自分はいざというときでも生き残れると考えています。

しかし一方で、限界がある生き物でもあります。

ですから、インバスケットで「できると思っていたができないこと」を明らかにして、私たち皆がトラブルのない、幸せな生活を送れることを祈っています。

エピローグ

研修実施から1年が経った。

神無がみあに直接会いたいと言ってきた。金田からは、神無はまだ完全ではないもののの報告連絡相談ができるようになり、かつ先輩らしくなって職場の仲間からも信頼されていると報告を受けていた。

みあは神無を役員室に迎え入れ、お茶を出した。みあが聞きだす前に神無が切り出した。

「実は私、辞めるんです」

「え?」

みあは聞き直した。

「昨日、金田店長に退職届を出してきました」

「どうして? よかったら話してくれない……?」

「私、向いていないと思ったんです。どう頑張っても完璧に報連相ができないですし、何より、周りと一緒に仕事をするより、自分一人でコツコツやる仕事が向いていることに気づきました」

「そうなの……でも金田さんからはできるようになったと聞いていたわ」

「はい、悔しいので頑張ったつもりです。でもあの研修で自分がまだまだできていないことに気づきました。金田店長が原因じゃありません。もちろん青山部長のせいでもありません」

神無が吹っ切れた様子であるのとは対称的に、みあは何やら責任を感じ、気が重くなっていた。

「そうなの。わかったわ。でもどうして私のところに……」

「はいっ。報告連絡相談です。これからも報告連絡相談に来ますので、よろしくお願いします」

「え……ああ、報告連絡相談……そうか、もちろん歓迎よ……ははは」

神無はぺこりと頭を下げて、部屋を出ていった。

「もしあの研修がなかったら、あの子は東京中央店にいたのかな……」

みあは自問自答した。教えるということは人に影響を与えるということなのだ。割り切ればいい、それはわかっている。

しかし、実際に一人の人生を変えてしまったことを目の当たりにして、これからこの教育を進めることの責任を、果たして自分は取れるのかと考えてしまったのだ。

まずは金田に謝らなければならない。その思いはみあにスマホを操作させていた。

金田は電話口で逆に謝ってきた。

「いや、せっかく目にかけていただいていたのに申し訳ない」

「いえ、私の教育のせいで貴重なスタッフを……」

「ははは……そんな、青山さんの責任じゃないですよ。逆にいいきっかけだったのでしょう。彼女は昔、声優を目指していたそうですが、挫折しましてね。でも青山さんとの出会いでどうやら目指す方向が定まったようです」

「目指す方向?」

「ええ、青山さんのように自立した人間になるとか……」

「自立した……私はそんな、人に目指されるような人間じゃ」

金田は声を抑えて言った。

「いやいや、何やら血相を変えて勉強しているようです。どこかの秘書になるとか」

「秘書……へえ……」

金田との通話を終えると、秘書室から電話が入った。

「秘書室の西田です。青山さんの秘書に応募したいという方が来られていますが」

「え……どんな人?」

「女性です。凛とした雰囲気の方で……お名前が神無ゆり様とおっしゃいます」

「えっ……まさか」

みあは狐につままれたような気持ちで急ぎ秘書室に向かうと、廊下にきょとんとした表情で立っている神無がいた。

「青山部長、私、青山部長の秘書になると決めました。今日からよろしくお願いします」

神無はそう言うと、ぺこりと頭を下げた。

みあは目にあふれる涙をこぼさないように、笑いながら言った。

「ぐす……あのさあ……報告連絡相談きちんとしようよ」

おわり

おわりに「教えることは人を変えること」

私はインバスケットを使って、世界中でいろんな方に判断力などの仕事に必要なスキルをお伝えしてきました。

その過程で、全員に対してこの教え方が成功したわけではありません。

インバスケットは強烈な気づきの生産機ですが、一方で、強烈に人を傷つける道具でもあります。

今まで自信を持って仕事をしてきたリーダーを、絶望の淵に突き落としてしまったこともあります。

人間関係の構築を得意としてきた女性マネージャーが、あまりにヒューマンスキルがないということに気づいてしまい、泣き出したこともありました。

私はインバスケットが時には人を傷つけるということを常に念頭に置いて、このツールを使っています。

でも、あまりに臆病になると、気づきを与えることはできません。

受講者が2万名を超えたあたりから、わかりだしたことがあります。「人を変えよう」とする考え方が間違っており、正しいのは「人に変わることの必要性に気づいてもらう」ということです。

私たち教える側の人間は、社会性の高い人間です。

「こうなればこの人はもっと楽なのに」というように、人をいい方向に変えてあげたいという熱い思いを持っています。

しかし、それは教える側の主観であり、エゴではないでしょうか？

ずっとその人に付き添ってあげられるならいいのかもしれません。しかしそれは、現実的に不可能です。

だからこそ、学ぶ側が自ら「変わらなければならない」と気づき、行動を変えなければならないのです。

そのためにも、失敗を経験させて、将来の自分のために変化する必要性を考えてもらうことが、インバスケット学習のゴールです。インバスケットの正しい活用法を知り、気づきを与え、考えてもらう手法を駆使しなければなりません。

インバスケット学習で「考える力」を身につけると、受講者は将来に遭遇するであろうさまざまな出来事を自分自身で乗り越えていきます。

例えるなら、川を流れてきた落ち葉が浅瀬で石に引っかかってしまったとき、流れに戻してあげるのではなく、落ち葉自身が、これからは自分で引っかからないようにどうすればいいのか考えながら流れていくようなイメージです。

そのようなゴールを目指して、これからもインバスケットを活用していきたいものです。


本書がこれからの新しい時代の教育に携わる方の、一つの選択肢になれば書いた甲斐があったというものです。


実践は100冊の本に勝ると言います。

ぜひ、読むだけではなく、一度あなたの教え方に取り入れて使ってみてください。

そしてうまくいかなければこの本を読み返し、それでも壁を乗り越えられないときはいつでも相談を受けます。

また、インバスケット教育がうまくいき、効果を感じているのなら、本格的なインバスケットトレーナー養成コースに進んでもいいと思います。

多くの迷える子羊たちを救うためにも、ぜひインバスケットを活用してください。

最後になりますが、本書のために企画から編集までご尽力いただいたＷＡＶＥ出版の福士さまはじめ関係者の皆様に感謝申し上げます。

また、いつもお読みいただいているあなたにも感謝を申し上げます。

ありがとうございました。

２０２１年　春

株式会社インバスケット研究所

代表取締役　**鳥原隆志**

本書で若手社員が取り組んだ問題

・主人公の立場で30分以内に回答

・どの案件から処理するかは自由

・重要案件は必ず処理する必要がある

という条件下、
各々が優先順位を判断して10の案件を処理していきます。
主人公の立場は、本書では次のように設定されていました。

あなたは豊国商事秋田支店営業課、吉田。
豊国商事は中堅ゼネコンで、
主に官公庁などの工事請負に強みをもつ。
秋田支店はその中でも比較的小規模の営業拠点。
あなたは課長から任せられた本日13時からの
「事業者決定会議」の準備中。
現在の日時は20XX年6月2日（火）の10時。
あなたが別の打ち合わせから戻ってくると、
未読のメールや連絡メモが入っている。

※当問題は株式会社インバスケット研究所が独自に開発したものです。

資料1　秋田支店 組織図

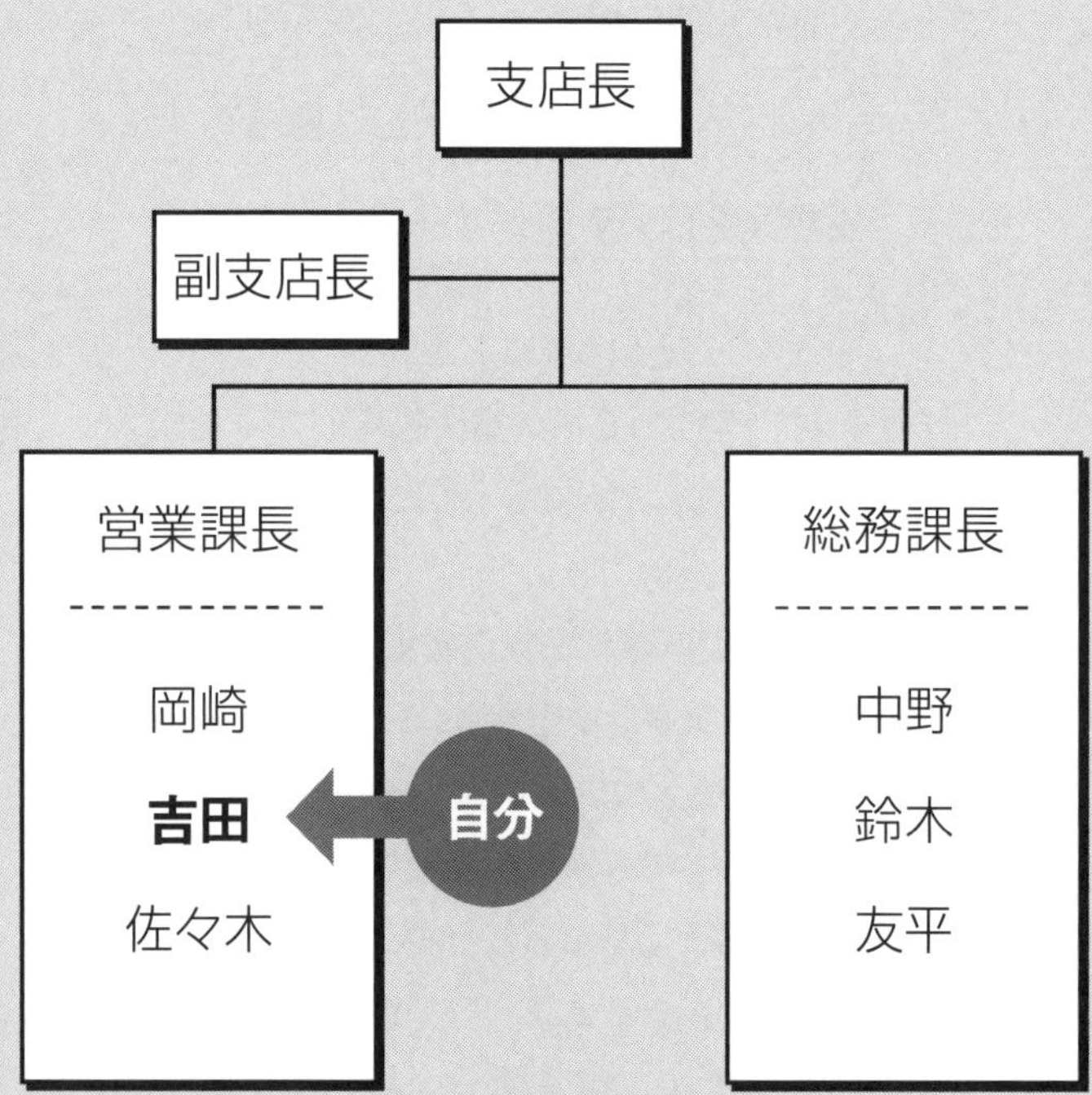

支店長
副支店長
営業課長
岡崎
吉田
佐々木
自分
総務課長
中野
鈴木
友平

資料2

秋田支店 事業者決定会議アジェンダ

会議の開催概要　（仮）西秋田コールセンター建設に伴い電設業者を決定する

参加者
豊国商事
金田支店長、杉原営業課長、吉田（事務局）

株式会社ラクレン　丸岡部長
ダンソーシステム株式会社　岡田社長

以上5名

開催日時　20XX年6月2日（火）13～14時

開催場所
豊国商事 秋田支店2階 会議室A
株式会社ラクレン 本社
ダンソーシステム株式会社 本社（テレビ電話会議）

議題
a）概要説明（10分）
b）株式会社ラクレン　丸岡部長プレゼン（10分）
質疑応答（5分）
c）ダンソーシステム株式会社　岡田社長プレゼン（10分）
質疑応答（5分）
d）比較検討（20分）

配布資料
各社プレゼン資料
企画概要書

案件1

差出人	**株式会社ラクレン 丸岡部長**
題名	**「お詫び」**
宛先	**豊国商事 秋田支店 営業課 吉田**
CC	
送信日時	**20XX年6月2日 9：40**

吉田様

お世話になります。

本日福岡から飛行機で羽田に戻る予定でしたが、どうも出発が1時間ほど遅れそうです。

したがって本日の貴社との打ち合わせに30分ほど遅れそうです。

大変申し訳ないですが、先に進めていただき当方の発表は30分ずらしていただけますか？

よろしくお願いします。

案件2

差出人	**秋田支店 総務課 友平**
題名	**ご依頼の件**
宛先	**秋田支店 営業課 吉田**
CC	
送信日時	**20XX年6月1日 19：32**

吉田殿

先日の2日会議時間変更の件ですが、13時から14時で間違いないですよね。

14時30分から総務と本社の会議が入っているので。

14時15分にそちらで片づけを終えていただけるという前提で、ネット環境とスピーカーの入れ替えを当方で行う形で進めています。

まあ、ぎりぎりかな、って感じです。

案件3

差出人	**営業課 杉原課長**
題名	**依頼した件**
宛先	**営業課 吉田**
CC	
送信日時	**20XX年6月2日 8：30**

一週間前にお願いした見積明細書大丈夫だよな。

奥原港湾事務所に本日18時までに送らなければならないのでよろしく頼む。

少なくとも15時までにはメールで送ってくれ。

案件4

差出人	**営業課 岡崎**
題名	**FW:【ご案内】6月2日の打ち合わせについて**
宛先	**営業課 吉田**
CC	
送信日時	**20XX年6月2日 8：51**

吉田へ

これって間違っていないか？

会議は13時からって聞いているぞ。

------------------------- 転送元メール -------------------------

差出人	**豊国商事 秋田支店 営業課 吉田**
題名	**【ご案内】6月2日の打ち合わせについて**
宛先	**株式会社ラクレン 丸岡部長**
CC	**豊国商事 秋田支店 営業課 岡崎**
送信日時	**20XX年5月15日 15：32**

当日はよろしくお願いします。

丸岡部長にはお忙しい中大変感謝申し上げます。

当方からは私の上司である杉原課長と、その上司である金田支店長、そして私が参加させていただきます。

14時からオンラインで繋がせていただきます。プレゼンは14時10分からの予定です。

どうぞよろしくお願いします。

案件5　社内ネットワークで共有された予定

スケジュール

金田支店長 スケジュール 不在中の電話	11:00～	東京本社との連絡会議
	13:00～	西秋田コールセンター 事業者決定会議
	14:30～	全国総務会議
	17:00～	秋田県庁打ち合わせ
営業課長 スケジュール 不在中の電話	9:00～	課内打ち合わせ
	10:00～	全国営業会議　11:30終了予定
	12:00～	ランチ商談（三原工業様）
	13:00～	西秋田コールセンター　事業者決定会議 終わり次第社内打ち合わせ（30分程度）
	17:00～	来客（野々村システム　太田様）
総務課長		

案件6

「ランチミーティング(来週)の件」

お疲れ様です。

6月7日の支店改革ランチミーティングですが
洋風幕の内弁当と和風幕の内弁当の二種類を用意しようと
思います。

どちらがよろしいでしょうか？
各課代表が確認し教えてください。

またアレルギーなどあれば教えてほしいです。

出席者

・支店長
・副支店長
・総務課長
・総務課 鈴木
・営業課長
・営業課 吉田
・事務局（中野）

計7名

中野

案件7

差出人	**営業課 杉原課長**
題名	**会議の件**
宛先	**営業課 吉田**
CC	
送信日時	**20XX年6月2日 9：57**

本日午後1時からの決定会議だが、総務に連絡して録画するように依頼してほしい

案件8

差出人	**ダンソーシステム株式会社 岡田社長**
題名	**≪ダンソーシステム岡田≫発表スケジュール変更依頼**
宛先	**豊国商事 秋田支店 営業課 吉田**
CC	
送信日時	**20XX年6月2日 9：20**

お世話になっております。

本日の御社との打ち合わせですが、私の発表は14時30分からとのことでしたが、可能であれば早めていただくことはできますか？

早いのであれば何時でも大丈夫です。

実はそのあとに緊急の役員会議が入りまして。

ご検討よろしくお願いします。

案件9

差出人	**株式会社ラクレン 丸岡部長**
題名	**「御礼」**
宛先	**豊国商事 秋田支店 営業課 吉田**
CC	
送信日時	**20XX年6月1日 19：58**

吉田様

今回のプレゼンはご配慮ありがとうございます。

無理を聞いていただき、当社が最初のプレゼンとのことありがとうございます。

ダンソーさんの後のプレゼンだと「ダンソーのいいところをパクった」と以前言われたことがありましたので。

案件10

差出人	**営業課 佐々木**
題名	**早退します**
宛先	**営業課 吉田**
CC	
送信日時	**20XX年6月2日 9：50**

先輩もう無理っす。

限界です。

奥原港湾の見積もり明細。

家で寝ずにやりましたが僕の能力をはるかに超えています。

どうするんですか？

今日は早退します。すいません。

［著者紹介］ **鳥原隆志** とりはら・たかし

株式会社インバスケット研究所 代表取締役
インバスケット・コンサルタント

大学卒業後、株式会社ダイエーに入社。販売部門や企画部門を経験し、10店舗を統括する食品担当責任者（スーパーバイザー）として店長の指導や問題解決業務に努める。管理職昇進試験時にインバスケットに出合い、自己啓発としてインバスケット・トレーニングを開始。日本で唯一のインバスケット教材開発会社として、株式会社インバスケット研究所を設立し代表取締役に就任。日本のインバスケット・コンサルタントの第一人者としてテレビやラジオに出演し、ビジネスマンの行動分析をするなど活動中。国内外での講演や、研修実績多数。延べ受講者数は20,000人以上を数える。主な著書に『究極の判断力を身につける インバスケット思考』(WAVE出版)、『一瞬で正しい判断ができる インバスケット実践トレーニング』(朝日新書)、『たった5秒思考を変えるだけで、仕事の9割はうまくいく』（KADOKAWA）など、50冊以上累計80万部を超える。

［株式会社インバスケット研究所公式ホームページ］ https://www.inbasket.co.jp/
［鳥原隆志　公式ブログ］ https://ameblo.jp/inbasket55/
［インバスケットメールマガジン］ https://www.mag2.com/m/0000277810.html

※「インバスケット」は株式会社インバスケット研究所の登録商標です。

部下ができてるつもりに気づく！
「答えを教えない」インバスケット教育法

2021年3月22日　第1版第1刷発行

著者　鳥原隆志

発行所　WAVE出版
〒102-0074 東京都千代田区九段南3-9-12
［TEL］ 03-3261-3713
［FAX］ 03-3261-3823
振替 00100-7-366376
［E-mail］ info@wave-publishers.co.jp
https://www.wave-publishers.co.jp

印刷・製本　中央精版印刷株式会社

NDC336　279p　19cm　ISBN978-4-86621-342-2